要想成功先想通

在激烈的市场竞争中如何思维创新

李军林 ◎ 著

黄河出版传媒集团
宁夏人民出版社

图书在版编目（CIP）数据

要想成功先想通：在激烈的市场竞争中如何思维创新/李军林著.—银川：宁夏人民出版社，2017.12

ISBN 978-7-227-06817-4

Ⅰ.①要… Ⅱ.①李… Ⅲ.①市场营销学—案例 Ⅳ.①F713.50

中国版本图书馆CIP数据核字（2017）第320948号

要想成功先想通

——在激烈的市场竞争中如何思维创新　　　　　李军林　著

责任编辑　李彦斌
责任校对　王　艳
封面设计　陈冰融
责任印制　肖　艳

黄河出版传媒集团
宁夏人民出版社　出版发行

出 版 人	王杨宝
地　　址	宁夏银川市北京东路139号出版大厦(750001)
网　　址	http://www.nxpph.com　　http://www.yrpubm.com
网上书店	http://shop126547358.taobao.com　　http://www.hh-book.com
电子信箱	nxrmcbs@126.com　　renminshe@yrpubm.com
邮购电话	0951-5019391　5052104
经　　销	全国新华书店
印刷装订	宁夏凤鸣彩印广告有限公司
印刷委托书号	（宁）0007650

开　　本	889 mm×1194 mm　1/32
印　　张	4.75
字　　数	100千字
版　　次	2017年12月第1版
印　　次	2017年12月第1次印刷
书　　号	ISBN 978-7-227-06817-4
定　　价	39.00元

版权所有　侵权必究

世间万物，变动不居，"明者因时而变，知者随事而制"。创新思维作为五大思维能力之一，已成为引领发展的第一动力，更成为发展的新动能。

提高创新思维能力就是要有敢为人先的锐气，破除经验守旧和惯性思维，运用差异化思维，以思想认识的新飞跃开创发展新局面。要有"逢山开路、遇河架桥"的精神，要有孜孜以求，真抓实干的态度，为了创新创造而百折不挠，勇往直前，不断积累经验，取得成果！

"与时俱进，开拓创新"是新时代的最强音。一切需要创新的活动都离不开思考、离不开思维创新，思维创新是一切创新活动的开始，正如人们所讲的"思路决定出路，观念决定成败"。

思维创新已成为发展的利器和变革的蓬勃力量，正所谓"惟创新者进，惟创新者强，惟创新者胜"！

我欣喜地看到，军林能够从一个个生动的案例，撷取思维的火花，以小见大，见微知著，平淡中蕴藏哲理！

2017 年 11 月 16 日于东莞

（作者系唯美集团董事长兼总裁）

序

一天中午，我拉着拉杆箱从办公室出来，准备出差，被李老师喊住。他手里捧着一本书，毕恭毕敬地递给我，并诚心诚意地对我说，这是我写的一本书，马上要出版啦，恳请您帮我写个序，可以吗？我瞪大眼望着他，乖乖，您啥时候写的书呀？我一点儿也都不知道。经过交谈，我才知道李老师居然利用工作之余去写书。我小心翼翼地接过这目前市面上唯一一本的书，认认真真地对他说，我肯定帮您写序。但恳请给我些时间，让我想想怎么写，毕竟这是我生平第一次给别人的新作"写序"。

此刻，我既为李老师的作品即将付梓高兴，又为承担写序这一艰巨的任务忐忑，更为他的持之以恒、勤奋上进、敢于突破的"倔劲"钦佩。

怎么写这本书的序呢？我真的犯难了。生怕自己才疏学浅，笨拙的表达"玷污"了这部作品所要阐述的思想高度；也生怕自己的随意和随笔"菲薄"了李老师对我的高度信任。我认真思考了一周，终于想通了，我自己都没有写过书，何有资格去妄加评论该书的内容是否精彩、思想是否有境界、遣词造句是否妥帖呢？那我就从李老师这个人开始谈起吧。

我们一起共事14年，我毫不夸张地说我是最熟悉李老师的同事。正所谓"以人睹书、以书知人"！尤其是这三年来，李老师给了我相当大的压力，无论是工作态度上，还是业余学习上，乃至身材管控上。

　　李老师独创了一个"11：59"精神，什么意思呢？就是他一定会将当天工作执行完毕为止，否则晚上 11 点 59 分他绝不会休息。对于有轻度拖延症和中度犹豫症的我来说，他这份工作劲头让我感到莫名的压迫感。仿佛我的工作后路上，时时有一头永不疲倦、如饥似渴的狼在狠狠地追赶我。所以，在工作中，我对其他同事的请示要求，会稍显犹豫；唯有对待他的工作，恨不得立马办好立马结束。久而久之，他这样执着的工作态度深深地感染了我，有效地解除了我的轻度拖延症，让我也建立了"日事日毕"的工作铁律。正是李老师这种"11：59"精神，让我养成了现在高效的工作习惯。

　　李老师特别爱看书。开会发言，常常引经据典，引用名人名言，甚至真性情地背诵心灵鸡汤。他还会分享努力就会化腐朽为神奇、坚持就会创造奇迹的故事和案例给我们"打鸡血"。一开始，我们还都觉他"迂"，甚至觉得他不接"地气"，笑话他成功学的光碟看的太多了。但每次他都能信手拈来一些名言警句，随时随地清清楚楚地分享某人某事的感人案例，我不得由衷地佩服。这样的"沽名钓誉似的炫弄自己的文采"，没有平时认真读书何以"拈"得来呢？所以，每次我和李老师一起出差，就算装我也会带本书在身上，"装模作样"地看书。心想：我是他领导，免得被他认为我还没有他爱学习。

　　李老师爱跑步，这是全公司出了名的。通过跑步他有效地管控好了自己的身材：从180斤重的大胖子瘦到了140斤的健美身材。2016年初，李老师就告诉我，他想报名参加马拉松，先跑一个半马，再争取在2017年跑一个全马。我冷冷地笑了笑，对他说，你要跑马拉松那必须从减肥开始。也许，正是我稍显不屑的表情、诡异的微笑，深深地刺激了他。他真的每天早上六点就开始跑步。他先坚持跑两公里，然后边跑边快走三公里，直到"蹭完"五公里才收工。即使他出差，依然每天六点坚持跑步。哪怕头天晚上陪客户喝酒，第二天也不落下。

在一次浙江"双11"大型促销活动动员会上，李老师和我参加了会议。轮到他上台动员时，他照样给我们狂灌心灵鸡汤，让我们这帮小伙伴们激情四射、斗志昂扬。发言末了，他居然宣誓：为了这次"双11"大促销活动取得圆满成功，他带头坚持每天早上五点起床跑步十公里，风雨无阻，每天在微信群内打卡；若有一天偷懒没有跑，他将在微信群里乐捐一千元红包，没有任何理由没有任何借口。他这一宣誓，引得台下的伙伴纷纷上台跟着宣誓，有的说跑五公里，有的说走路十公里，有的居然说一个月不吃肉（可这个小伙伴绝对是肉食动物），等等。轮到我做总结发言时，之前打好的演讲腹稿显然不适合现场亢奋的气氛，如按套路去演讲无疑是一盆哈尔滨冬天的冷水，犹在室外一泼，瞬间凝固成冰。于是，我也激情地走上讲台，就照搬了李老师的宣誓：我也坚持早上五点起床跑十公里，风雨无阻跑一个月；如有偷懒一次，则在微信群中乐捐两千元。没有想到，我这干脆利落、直接明了的总结发言，竟然起到了意想不到的效果，全场掌声雷动，甚至响起演唱会才有的口哨声。

这一个月，在李老师的带头下，我真的坚持了，每天跑十公里。其间，个中痛苦、挣扎、难受不想再回忆了。但是，每天都绕不开后悔：真不该云参加那次动员会。一个月后，李老师跑了人生的第一个全马。其实，那次马拉松他帮我也报了名，并且我俩都幸运地选中了。遗憾的是他去跑了，而且跑完了；而我，居然放弃了。这可能是我在他面前最赤裸裸的一次完败。

和李老师在一起共事，你真的得小心提防他。因为不知道什么时候他会出其不意地干出什么大事来。就好比跑马拉松，就好比减肥，就好比现在居然写书。一个永远给你前进的压力、一个永远不知疲倦拼命奔跑、一个永远给你激情给你正能量的李老师，就是那么真实的存在。对，他就是那么真实！一同这本书！

2017 年 11 月 16 日于东莞

（作者系唯美集团营销中心总经理助理）

自 序

很多人都渴望成功，渴望能干成一番事业，可是光想成功，没有行动。成功来自于行动，来自于改变，改变首先源于思维的改变，思维的改变也就是"想通"。

在互联网思维和"共享经济"的浪潮下，市场变化一日千里。共享单车已成为城市的一道风景，便捷化沟通和移动支付，已经在无形中改变着每一个人的生活方式，这何尝不是思维创新的结晶。

正所谓"变则通，通则久"，市场的变化，巨大而迅速，对每一个市场参与者来说，要与时俱进、开放思维，才能在市场变化中寻求主动、赢得发展。

思维，不是独立存在的事物，而是如同氧气与空气的关系，我们正是在每一分每一秒的呼吸中，感受着生命的存在。那么，思维正是蕴藏在生活和商业的每一个瞬间和实践里，需要我们细致耐心地去感受，去体味，去领会。

就拿"木桶原理"来说，很多人即使工作了很多年，还在信奉这一法则。我无意谈论这条法则的正确与否，而很多人，运用"反木桶原理"，发挥自己的优势，从而成为"优势原理"。正因为如此，才有了古代那个辉煌的案例——"田忌赛马"，即在整体不占优的情况下，却能实现比赛的胜利，而其中发挥重要作用的，正是思维的作用。

思维的妙用还有很多，少的力量、聚焦原理、圈层价值等，都为商业提供了非常好的借鉴。

在创作这本书的过程中，我试图摆脱教科书式的那种条分缕析，将每一个商业案例，加以体会、琢磨，从而找出其中的思维智慧。

思维，是哲学，是艺术，更是一种高级的智慧形式，需要从大量的生活和商业事件中，方可觅到一点踪迹，如同山顶上的风光，需要经过艰辛地攀爬，才能看到。

有时候，我真的感受到，思维如同黄金，如同大脑的灵光一现，需要把握住刹那的光华，而记录则如同史官之笔般神圣，正是带着如此的虔诚，不带任何企图，觉得只要把那些令人激动、令人兴奋的思维智慧，从心里流淌到笔尖，就是一大收获，而这个过程，如同一场修行，经历了一次智慧的洗礼。

这本书呈现出来的，是一种快乐，希望能够为您带来一些思维的火花，或者启迪，这就是我写作本书的初心。

是为序。

李军林

2017 年 5 月 4 日

CONTENTS

目 录

"长板"的木桶 /1

"秘诀"的秘诀 /3

芝麻开门 /4

思维的秋千 /6

当下的成就 /8

听别人爷爷的故事（一） /10

听别人爷爷的故事（二） /12

简单最美 /14

苦的价值 /16

境随心转 /18

慢的学问 /20

形式不美 /22

着眼于自己 /24

石头的价值 /26

无关的好处 /28

团队的修炼 /30

情绪如虎 /32

跑者的体验 /34

生活点滴 /36

圈层价值 /38

身边的风暴 /40

谦卑的力量 /42

喂养欲望 /44

小聪明，大代价 /46

拥抱变化 /48

意志力量 /50

极致的秘诀 /52

静的修养 /54

不同凡"想" /56

向导威力 /58

正念力量 /60

早的意义 /62

低谷求生 /64

聚焦能量 /66

新鲜感 /68

问题的价值 /70

"禅修"式思考 /72

复盘决策 /75

寻找"难"受 /77

乐观如金 /79

要事为先 /81

无私的心 /83

做好"一件事" /85

"圈子"的价值 /87

"细微"的价值 /89

"显而易见"的行动 /91

"计划"的关键 /93

"轻轻断食" /95

"垂直攀登" /97

成长的秘密 /99

"自控力"的威力 /102

主动进化 /105

蚌病成珠 /107

"5分钟"的成就 /109

用心的价值 /112

"大气"的价值 /114

离开"舒适区" /116

"扎根"哲学 /119

主动想象力 /121

如何应变 /123

横向思维 /126

故事的魅力 /129

正在布局 /131

圈定能力 /133

自我证明 /135

幸运的来源 /138

"长板"的木桶

木桶原理告诉我们，决定一只木桶盛水高度的不是最长的木板，而是最短的木板。那么，应该把短板补齐，这样才能盛更多的水。

多少人都在一味地补短板，而且开口即云：我们的短板是……

试想当年田忌赛马的时候，若将劣等马培训到极致，那比赛就遥遥无期了。但是具有优势思维的田忌却安排自己的劣等马对阵对手的优等马，虽先输一局，但经过排兵布阵，在自己的优等马对阵对手的中等马、自己的中等马对阵对手的劣等马的比赛中都赢得了胜利。优势思维显现无疑。

在市场中，任何一家企业都无法任意配置资源。"有限性"是市场的前提，如果平均使用兵力，就如同撒胡椒面，没有聚焦，没有重点，那么在激烈异常的市场竞争中，或许连一个涟漪也没有。

能够做到"反木桶原理"的人，是其开展了"优势营销"。

何谓"优势营销"？就是能够清醒地认知自我，审视市场竞争格局，并能将优势资源配置到核心竞争中，从而达到市场竞争的胜利。

优势营销在《西游记》中也有体现。在孙悟空大战红孩儿那一节中，让人匪夷所思的是，叱咤风云、大闹天宫的孙大圣却奈何不了一个小小的红孩儿。红孩儿虽小，但掌握了令孙悟空无法制胜的"三昧真火"。孙悟空在打斗中，无法近身，只好拉下面子上天搬救兵去了。

优势营销，可以以小博大，以微弱优势击溃强敌。

市场竞争中，优势就是自己的品牌，或是自己的服务，或是客户的口碑，或是自己的团队，等等。如果一味地拿自己的短板比别人的长项，那必输无疑。而拿自己的优势拼别人的劣势，不仅可以血拼一场，可能会反败为胜，甚至永久胜出。

那么，你找到自己的优势了吗？

从今天开始，不妨尝试"反木桶原理"，找到自己的优势，出发！

"秘诀"的秘诀

记得我和同事一起看电影《功夫熊猫》，看完之后，恍然大悟：原来那才是秘诀啊。

在金庸的笔下，让江湖血雨腥风的功夫秘籍，什么《九阴真经》，什么《葵花宝典》，到底意味着什么？自己也开始思考，到底有没有传说中的秘诀或者绝招？

金庸先生真是智慧之至，降龙十八掌，最后一招竟然是从第一招再来一次；不过也道出秘诀的秘密，就是不断的坚持，即使是绝招也要不断的坚持。

不断的坚持，持续的精进，就是秘诀。

也许在很多时候，一些很好的方法大家都知道，也曾都尝试过，取得了很好的效果，但在不知不觉中，就淡忘或者轻视了。

有几个人能坚持呢？晨起一杯水，睡前泡脚，微笑生活，本来都是很好的养生之道。

我很敬佩那些能够长久坚持写日记的人，长久的思维训练，不仅有着严谨的逻辑，更为重要的是，凡是能够比别人多坚持一会儿的，就能看到花开，闻到果香。

芝麻开门

我因经常出差,没时间照顾儿子,就把教育儿子的重任抛给了太太。但无奈中总有新的惊喜,一次出差回来上洗手间,两岁的儿子尾随而至,站在门外边,小手不断地敲门,喊道:"芝麻开门。"

最近几年,我多次到潮汕一带出差,浸淫在潮汕文化中,无论是吃饭、走路、饮茶,还是交谈,我都在极力捕捉潮汕文化的密码。

一个人的成功,自然有家庭之功;一个地方人的成功,不能不去研究其文化。

"发财没有痴汉。"这句来自潮汕人的口头语,大意是挣钱的老板没有无缘无故的成功,都是付出了很多的。这句话激励了不知多少潮汕人啊!

在潮州,我还看到了韩山师范学院。如果说见叶知秋的话,那么潮汕人自古以来的知恩图报、饮水思源,讲究关系营销看来真是有渊源的。

一朋友做瓷砖生意已有三十多年了,最早是从 1984 年他父亲开始。那时,有几个福建老板在他家隔壁租房卖瓷砖,可能是租期到了,福建老板要回老家发展,但还有些瓷砖没有卖完,于是这些福建商人就找到了我朋友的父亲，告诉他卖了瓷砖再给他们钱就可以了。朋友的父亲为了帮忙，也就应承了下来，谁知道瓷砖很快就卖完了。可是等福建商人再次过来不知道要到什么时候，情急之下，朋友的父亲怀揣着上千元"巨款"（当时可是一笔很大的数目）直奔福建。这些走南闯北的福建人见到朋友的父亲，都惊讶得说不出话来，哪有这么诚心的人呢?! 他们感动之余，便让朋友的父亲继续销售他们的瓷砖，而且是赊货，因为他们觉得朋友的父亲够诚心。就这样，他们走上了经营瓷砖的道路。

正如一句俗语所言：没钱人，满世界在找钱；有钱人，钱却在找他们。

在市场上，很多人感慨上帝没有为自己指明一条生财的康庄大道，其实，多少契机、多少次"芝麻开门"的机会，因为自己的贪婪或懒惰，或缺乏诚信，一再错失了。

如果市场上最稀缺的是诚信的话，那么诚信是否是市场上最硬的通货?!

何必找遍世界，契机就在自己手中。

思维的秋千

"墙里秋千墙外道。墙外行人,墙里佳人笑。"词中秋千荡漾,让人魂牵梦绕。

而思维的秋千就是惯性思维。我们习惯于这样、那样的认识,但我们所知道的一切,随着时间和空间的转变,其实都在变化之中。就好比我们强调市场调研的重要性,可总是在一个地方打转,难免会出现思维的僵化。总是在一个地方左突右冲,很难有新的突破。

那么,如何荡出思维的秋千?

第一,强大的外力足以托举或终止现有秋千的惯性。要在思维上找到这种力量,最好的方法就是持续的学习。第二,接受改变,变是这个世界上唯一的不变。

温水中的青蛙,就是惯性思维的力量。让青蛙在温水中浑然不觉,不知道水温的变化,而等到真正成为沸水就很难跳离了。青蛙忽视了水温的变化,没有积极地改变,结果等到最后,已经很难改变了。

在市场中,我们要经常见微知著地观察。也许,一场风暴、一个新模式、一个新产品等都在"磨刀霍霍"。

冷静的观察，不同行业的借鉴，跨区域的学习，就能够使经营模式始终紧贴市场实际，并使团队保持活力，持续地去开拓市场。摆脱思维秋千的人，善于发现变化的市场，就可以看到不一样的风景。

当下的成就

因为我们相信,太阳明天会照常升起,所以,我们才容易将明天无限想象,也会充满希冀。正如一位行者,眼睛总是注视着前方,却忽略了脚下的路,难以欣赏旅途的风景。其实,生命如河,一刻未曾停歇,如果没有今天的细流,也难成明日江河的奔腾气势。

今日,现在,也许就是你注视着页面的这一刻,却很快走进了历史。我们是历史的塑造者,上帝是如此的公平,给予我们一样的阳光雨露,而因为努力与机缘,成就却有天壤之别。

在很多次走访市场,与经营者沟通的过程中,发现有很多人明明找到存在的问题,如果正值年末,他们就会自然而然地说,明年一定要改变,但不经意间发现,这种情况已连续发生了几年。"年年岁岁花相似,岁岁年年人不同。"也许,目前存在的问题正是市场攻城略地的突破口,为何一定要等待呢?白白地把机遇丧失了。

在市场经营中,勇气是市场经营者必备的素质,也是破解市场难题的钥匙。很多事情起于毫末,鼓起勇气,立即解决,也许就能避免日后的难题。

"过去心不可得,现在心不可得,未来心不可得。"活在当下,成就在当下。

市场经济瞬息万变,如不能快速应变,就会贻误战机。所以就需要快速决断,快速执行,不能懈怠,不能空等。

当下的可贵,如同饮水,不能发觉水之可贵,然而,行走沙漠苦苦找水的旅者,终将发现,往往平日忽略的,却是最难能可贵的。

在20世纪初期的市场运营中,谁能想象到麦当劳与沃尔玛的如日中天。他们正是重视了每一个市场、每一个消费者、每一刻的消费体验,才成就了各自的商业帝国。

重视每一天的训练,你会成为冠军运动员;重视每一天的学习,你会学有所成,成为某一领域的专家;重视每一个当下,你会成就灿烂辉煌!

听别人爷爷的故事（一）

我在青岛参加一个著名品牌企业组织的会议，参会的大多是企业高管。会议安排周到体贴，虽然已是深冬，但温暖在我心间流动。在前期的工作沟通中，该品牌的一位工作人员王玢让我特别留意，因为她每次发短信都会在"玢"字后边注音：bīn。所有人赞叹这位工作人员的认真。

山东酒文化醇厚。人们在一起没有强拉硬扯，也没有半推半就式的喝酒，在自然而然的酒香酝酿后，话题自然而然从东道主（这位主人年龄已过半百）比较久远的故事谈起。有一年，高粱丰收了，主人的爷爷到地里巡查，发现有人正在偷高粱。这时，主人停下来看着我们，问："如果是你，你会怎么做？"有人说马上喊人，有人建议立即呵斥，也有人建议直接和偷高粱的人干了。主人好像对大家的答案早有预料似的，笑着公布答案了。原来他爷爷说："大伙都来帮忙了，来了也不说一声，我现在就准备饭去。""真的准备了吗？"席间一位客人问道。"当然准备了，不仅准备了，还把这伙人请到家里吃了一顿。"他接着说："从那以后，土匪再也没有骚扰过我们家。"如此传奇的故事，让大家久久回味。

你所得到的，也许正是你想要的。"观念一变天地宽。"其实，人人谈创新，创新绝不仅仅是高科技的专属，思维的改变，才是创新的开始。"要想成功先想通"，正如人体的经络，"通则不痛，痛则不通"。成就如日中天的东道主，当年兼并了 17 家工厂之后，没有注资一分钱，也没有立刻上马新的生产线，仅仅是每个厂派了三个人，就成就了如今家喻户晓的大品牌。作为创业元老之一，他也许在创业及亊业经营中，有过无数的决断与创新，但令他津津乐道的，还是他爷爷的故事；也许他从中领悟的太多，才成就了与众不同的胸怀与视野。

听别人爷爷的故事（二）

在青岛的晚宴上，主人的爷爷不经意间成了话题。

在大家酒意正酣之际，他又讲了一个故事。话说当年他爷爷牵了头骡子去卖，那时，正处于中华人民共和国成立前，兵荒马乱。他爷爷来到集市，很快就把骡子卖掉了。突然间，听到有人在喊"收木头"，爷爷听后一阵大喜，连忙喊："我家有木头！"就这样带着收木头的人回到了家里，招呼家里人赶快准备好酒好菜。酒足饭饱之后，收木头的人迫不及待地说："大哥，看看木头吧，在哪里啊？"

这时候，主人突然停顿下来，过了几秒钟，说："大家猜猜看，我爷爷会说什么？"经过上次那个"智服土匪"的故事后，大家都不知道这位高人爷爷又有什么惊世骇俗的做法。

主人继续讲道，他爷爷说："家里真没有木头，今天刚卖了骡子，担心路上被抢，找你作了个伴。"收木头的人听后，先是一惊，然后释然，最后笑着走了。

谜底一下打开，席间的一位客人立刻说道："这样啊，你让我猜死，也猜不出来啊！"大家一阵笑声。

在市场经营中，不可能占有所有的资源，自己迫切需要的资源，也许正是别人那里正在闲置的资源，为我所用或者进行资源置换，就能取得意想不到的效果，而主人的爷爷，正是资源整合的高手。在兵荒马乱的年代，在缺衣少食的日子，人身安全与食物都是非常重要的资源，而要置换整合，则需要对资源的深度理解。善于发现机会，充分有效整合，就能产生意想不到的效果。

简单最美

出于各种原因，很多人做事情总是喜欢把事情搞得很复杂，就像一名运动员，比赛前先把自己的手脚绑起来，结果可想而知。

伟大的作品、伟大的发现往往来自于简单的想法，也许是童真般的好奇心，再加上锲而不舍的精神，就取得了意想不到的成功。

随着商业的不断发展，要在各种纷繁复杂的商业交往中找出一种全新的模式，或者发现新的市场增长点，必须要让大脑处于简单明了的状态，就是这么简单。

在营销实践中，要找到一种新的营销方式很难。有一次，我细读一部经济类著作，读后豁然开朗：原来营销的本质就是销售。无论营销招式多么漂亮，最终都离不开推销，就是把产品推出销售。找到这个简单的依归，制定措施也就简单了，那就是找到与客户最短的距离，结果便会大获全胜。

在这里不得不提到著名的"奥卡姆剃刀"，即"简单有效原理"。原理正如其名，也很简单，"如无必要，勿增实体"。为何"奥卡姆剃刀"能有如此大的威力？因为，复杂的确容易让人迷失，而简单化则容易让人理解和操作，特别是在当下，时间和资源都具有稀缺性，简单化则容易聚焦，产生巨大的威力。

简单，魅力无处不在。严寒深冬，寒风呼号，阳台上的植物让我称奇，没有人为它穿上衣服，也没有任何保暖措施，它却自己悄悄做了个决定，推后花期，将自己身上葱绿的叶子轻轻抖落。当春季的阳光来临时，它又是一树葱茏，这就是大自然的智慧法则——简单。

在这里，不得不提起一个人，他就是乔布斯。乔布斯的志向是"改变世界"，他的设计却出奇的简约，无非黑或者白，偶然加一点银灰，苹果的设计过程中最重要的环节之一就是简化。在乔布斯看来，少即是多，就连他为纪念爱情而设计的游艇也奉行极简主义。简单，让乔布斯找到了灵感；简单，让苹果系列产品不同寻常。

而在中国文化中，万物产生不就是"道生一，一生二，二生三，三生万物"吗，宇宙与人生的奥妙尽在其中，一个难以用语言去解释的"道"，却在一番简单的推理后，豁然开朗。

道理就是如此简单。

苦的价值

有一次和一位温州商人聊天,他的生意做得风生水起,别人称他"常青树""不倒翁",他身上的一个个光环让周围的人异常羡慕。

由于工作原因,我有近一个月出差,多次与他交往。有一次吃午饭,他不经意间讲起了自己的过去。改革开放初期,他在福建打石头,由于没钱买鞋,总是光着脚,不小心就会将大锤砸到脚上或者手上。说到这里,他竟然伸手给我看他布满小坑的手,让我震撼不已。他说当年砸石头如果伤到手或脚,就只是用土抹一抹,便当消炎止血。讲到此处,我心里有说不出的苦味。谁不爱惜自己的身体发肤,谁不愿意衣着光鲜?但因生活所迫,却情不得已。

他也讲了很多他们如何努力挣钱,老乡如何筹钱,如何"前店后仓"式做生意,如何白天把桌子当货架、晚上当作床,如何做好每一单生意的事情。

显然,作为温州商人的一分子,他懂得各种不易。他多次讲起自己老家闭塞穷苦的生存环境,这是"环境逼人";作为没有多少文化的他,这是"文化逼人";从最卑微的工作做起,这是

"苦工逼人"。他们,以一种韧性,开枝散叶。不管修雨伞,还是做木工,走南闯北,在改革开放之初为第一桶金而打拼。是"苦"造就了他们走入市场,实现了资本积累,理解了人生和社会百态。

苦,就像酵母一样,不断在催化,在激发,不断在每一个阶段,让人看清自己,看透自己,不至于迷失自我,不至于在苦中沉落,不至于没有了进取的动力。

他有一句口头禅:你问我怎么成功的,我不知道,但我知道是怎么苦的。

在大家都关注温州现象、研究温州经济成功的奥秘时,请记住苦的价值。

境随心转

你是怎样看待市场的,市场也会怎样对待你。

在有些人眼里可能是一文不值之地,但在另一些人眼里也许是价值连城的金矿。

眼光与视野,皆来自于自己的内心。

生活中处处皆是境随心转的例子。开心的人、乐观的人,斗志旺盛,信心满满,做事成功的几率就高;而那些一接手事情就皱起眉头、疑虑重重的人,即使很简单的一件事情也难以做成功。

境随心转中的"境"不仅仅指环境,也指一个人的心境。"不以物喜,不以己悲。"保持一颗平常心,持续努力,便会开创一个喜人的局面。

许多碌碌无为的人则是"心随境转",在工作和生活中,稍有风吹草动就坐立不安。特别是有的人工作压力大,容易得抑郁症,整天让自己的心躁动不安,不知道如何安放。

在很多人看来,某些商业领域是难以捉摸的,十几年的市场运营总是不温不火,然而通过深入调研,该领域虽显鱼龙混杂,但营销手段是简单的价格战。那么,发起一场强势促销,肯定是能取得成功的。为何操作没有先例,有些人提出了反对意见,说在如此竞争激烈的市场，什么样的玩法没见过，不过是自娱自乐罢了，有什么意义？但是有一个细节需要特别注意，就是顾客喜欢全额付款，这说明市场秩序、市场诚信基础好。畅销书《引爆点》一书中强调的"关键人法则"，就是非常重要的启示，享受到优惠的客户，其实就是一个很好的传播载体，而他们周边的人就是准客户。经过每一步认真的努力，结果出人意料的好。

也许努力就能感动上苍。因为相信，所以全力付出，市场也以不可思议的表现予以回报。

你相信，你就能做到；你要得到，世界也会为你让路！

其实很多时候，我们被事物的表象所迷惑，甚至产生恐惧，可如果我们带着乐观的心态、不计后果地去做，也许就会有丰厚的回报。

有一句名言是这样说的："让你痛苦的事情，总有一天，你会笑着讲出来。"

心境，正是你做事的道场，乐观积极就会产生正能量，就会带动事情朝好的方向发展。就像一段旅程，心情就是那辆车子，如果马力充足、车况良好，即使路面颠簸也不会影响一路看风景的心情。

慢的学问

有的东西真的急不来，必须慢慢来；太急了，就像刚出锅的豆腐，虽然香，但烫嘴。

广东人煲汤是小火慢炖，因为慢火可以使营养慢慢煲出，这就是煲汤的秘诀。

在我们讲究"快的哲学"时候，必须提一下慢的学问。

有一游客在云南丽江发现，一位老太太经常优哉游哉地晒太阳。因为他平时忙碌习惯了，整天有接不完的电话，开不完的会，聊不完的微信，没有时间看看身边的风景，和心爱的人一起散步，也谈不上陪陪孩子。当他问老太太："何以如此有时间？"老太太回答道："反正都是去天国的路上，何必那么急匆匆呢？"

试想，一位画家整天研究怎样以最快的速度完成一幅画作，这该是何种质量的画作。上乘之作，必是作者经过深思熟虑后的费心之作。

好酒佳酿，必须要经历一定的时间，匆匆开盖，必不是好酒。

市场也需要细心培育，不能一蹴而就。品牌更是如此，产品可以一夜叫卖，一个人也可以一夜暴富，但品牌却需经历时间的淬炼，特别是那些经典的品牌，都是穿越了历史，历经风霜考验才形成的。

  每一个市场参与者，都要准备漫长的战斗，必须生活在当下，不心浮气躁，在一片涵养中，孕育并收获属于自己的品牌。

  市场竞争越是激烈，作为市场参与者就越应该保持一份简单、一份纯粹。何谓纯粹，就是思虑纯净，不乱象纷飞。如何做到呢？就是要保持与热点一定的距离，做到心冷手热。最怕心热手热，这样就会产生冲动，带来非常可怕的后果；而心冷手热，则会聚焦内心的能量，在强势的执行下取得成功。

  慢，真的是一门学问！

形式不美

很多时候,有的人在做事情时,忙到最后竟然不知道自己在忙什么。倘若一个人意志坚定,始终锁定目标,不被事情的外在表象迷惑,就不会出现这种问题。

某著名品牌驰名中外,工厂也经常被拥趸参观。某天,该品牌一子公司负责人请大家吃饭,席间主人问了一问题:"我们车间一水龙头坏了,该怎么办?"话音刚落,一客人马上发话:"我给你换,我就是做水龙头的,你们车间的我全包了。"主人笑道:"那不行啊,我们要做百年企业,你能送一百年吗?难道所有东西都靠别人赠送?"大家一时无语。主人又说,讲排场容易滋生浪费,我们的做法很简单,既然坏了,就干脆把这个水龙头封了。

在我国企业中有一种可怕的现象,不止一家企业,甚至很多企业都难逃这个魔咒,就是"企业大楼建成之时,就是企业倒闭之日",多么振聋发聩啊!

也许我们已经习惯了一些字眼:大排场、大手笔、大投入。感觉轰轰烈烈,非常神气,非常厉害,但投入不等于回报,往往投入越大,风险也越大!在犹太法则中,非常重要的一点是,善于与竞争对手比巧比智，善用小钱"滚"大钱，等等。

企业本不应该过分追求形式，如一个批示上要有很多领导签名才能搞定，多头管理，员工则不知其所，只有接受的命。殊不知，沟通只能通过文件就已经非常危险了，就像一艘失去方向的大船。

在中国哲学里，大象无形，有形的都是有限的，而无形的则是无限的。就像一幅画，不管什么内容都是基于画面内容而生发，而一张白纸却给人无限的想象。太注重形式，容易使人因循守旧，思维僵化，失去变革的勇气。

正如很多企业喜欢制定规则，殊不知规则是用来提升效率与公平的，不是用来制约的，正是基于这一点，规则与制度不可随意制定，太随意就等于是画地为牢。

现在想想，过分注重外在的都是缺乏内在追求的，很多时候形式虽美，却是无尽麻烦的开始，一个团队、一个企业，如果都喜好作秀的话，那么市场运营不过就是一出戏而已。

形式化的做派，不美。

着眼于自己

社会也真是奇怪。

股评家有几个是炒股高手？军事评论员有没有敢领兵打仗的？无人知晓。

世界如此精彩，很多人把眼光从地球一端投向另一端，总在研究世界大势，却从未真正关注自身，乃至周边区域市场的变化。其实，地球那边的事情和自己真的关系不大。

当一个人整天关注与自己毫不相关的事情，那么这个人的生存条件一定不是很好。因为很少关注自己，就很难改变自己。

"诸事不顺，反求诸己"确是金玉良言。为人处世中，自己在影响着别人，别人也在影响着自己。如果过分地把眼光放在别人身上，从别人身上找问题，这样只能让自己生闷气。要是能够改变自己，结果则大为不同。

马云在新加坡接受了一个采访。现场也有欧洲政治家作为同台嘉宾，大家都想听听他作为中国成功企业家关于欧债的看法，他却说了句："欧洲关我什么事情，你们这么聪明的脑袋都搞不定，我还能发表什么看法呢？"他接着说，十年前他关注世界，他生活得很差；五年前他关注国家大事，他的生活依然没有改观;三年前他开始关注自己,则生活得很好。

一个人的视野、眼光总是盯着外边,就很难把目光聚焦到自己的内心,就不能关注自己的身体、自己的心情、自己的情绪,往往会忽略了自己。试想,连自己都难以改变,何谈改变世界呢?

在市场经营中,很多经营者喜欢请外脑,先定位一番,再是理论一番,然后把把脉,最后开"药方"。试问,谁能比自己更了解自己呢?那些市场营销的理论,又不是专门为你"量身定做",和你有什么关系呢?自己真正要解决的往往最简单,问题可能已经找到了,但总是想请高人来证实一下。

能否面对自己,就相当于能否产生勇气!真正的勇者,敢于直面自己,如此才能发现自己的优势,以及哪些方面有待提高。这样,才能找到一个基础、一个立足点。

面对自己,要学会欣赏,不然很难超越别人。自己在这个世界是独特的,必须是独特的才能够存在。正因为自己喜欢自己,才能挖掘出自己独特的潜力。

把眼睛投向自己,朝着自己微笑吧,原来自己是如此优秀、如此高明。

石头的价值

谁都喜欢鲜花,没人喜欢被扔石头。很多人是在迫不得已的情景下才思考石头的价值,其实石头比鲜花更有价值。

人生如河水流淌,都希望一路欢歌,但难免会遇到大山拦阻。正因为有大山拦阻,才激发出一往无前的动力,产生了连自己都难以想象的力量。正因为长江对山体的溯源侵蚀作用,才形成了三峡美景,引得无数文人骚客竞相歌颂赞扬。最后,以绝不回头的勇气,冲击而下,惊人一跃,换来壮丽的瀑布奇观。

人生在世,难免遭遇被人扔石头,受到莫名的伤害和前所未有的打击,甚至感觉难以承受。有时,正是众口铄金,百口难辩。

有这么一段话,是这样写的:

"为别人打击你而高兴,没有人会去踢一只死狗。当你被别人攻击、批评或者打压的时候,正是说明了你是具有实力的。对于没有任何价值的人,是没有人愿意招惹他的。"

这句话也向我们昭示了一个非常深刻的道理:评判并不可怕,对于一个拥有强大心理的人来说,受到的批评越多越值得高兴。

生活如同天气,有天晴,有天阴;有天明,有天黑。如果只是知道生活有笑声,那该是多么的脆弱。如果真的有一天死亡猝然临之，自己该惶恐到何等地步呢！

有一次，因为人工膝关节开发上市不当，日本管理大师稻盛和夫遭遇了媒体强烈的抨击，认为他眼里只有钱，根本不把患者的性命放在眼里。在每日铺天盖地的指责声中，稻盛和夫感到绝望与无助，来到寺庙，请教著名和尚西片担雪；然而令他惊讶的是，担雪和尚说道："你痛苦，说明你还活着，你应该感到高兴才是。"等他缓过神来，感觉这句话的确有道理时，担雪和尚接着说："虽然我不知道你到底前世犯了何种罪孽，但'业'以这种方式报应了，你看你活得好好的，为什么不高兴呢？"回到家里，稻盛和夫恍然大悟，别人扔给他的石头让他感受到了质疑和期待，同时，也产生了前进的力量。

在市场经营中，如果不幸受到了委屈、莫名的打击，就权当自己中了"石头"。这正好为我们找到了难能可贵的市场"边界"。正如攀登珠穆朗玛峰，为什么会有生命线，那是生与死的边界，市场也如此。正因为受过伤害，也知道了边界，那么就比那些正在摸索边界的人，多了更多的自由。石头，带给市场经营者更多的机遇。

无关的好处

在很多人眼里,都有正经事和无聊事之分,正经事情多一些精力关注,而生活中的一些爱好则可有可无。

站在人生的角度,也许生活的精彩之处就是那些看起来无关的事情,而有的人则因那些无关的事情收获了成功。

我认识一位校长,刚认识的时候他在某中学当校长。他对钓鱼情有独钟,凡是和钓鱼有关的东西他都收藏。藏品有各式各样的钓竿,南北各地的钓鱼网,甚至国外的也有。有关钓鱼的茶壶、山水画门类各异。退休后,他在老家建了个"中华钓鱼博物馆",供游客免费参观,也因此带旺了周边人的生意。

一项爱好,成就了一个年收入几十万元的生意。无关,却为这个校长带来了意想不到的收获。

2006年,史玉柱依靠脑白金等保健品东山再起。在很多人眼里,史玉柱玩保健品、搞营销是一把好手,听说他要搞网游,很多人准备看笑话,殊不知,他早已是骨灰级的玩家了。他很早就有玩游戏的喜好,并且非常痴迷。等到有一天,保健品主业已经进入稳步发展阶段,而等机会一来他马上敏锐地看到其中的商机,马上投资网游,因为这是他长久的爱好,他清楚各网游的优缺点。他手里也有钱，自然能够游刃有余。

史玉柱曾说："我说不上是成功的创业家，也不是一个成功的企业家。当然，我一直都是一个骨灰级的游戏玩家。事实上，搞实业、做投资、玩游戏之间的区别是显而易见的，从我个人的经历来讲，我认为三者的共同点就是都需要对行业有清醒的认识和清晰的把握，需要足够的了解。"可以说是一语道破天机。

有的人坚持锻炼身体，虽然是业余选手，但参加马拉松比赛却拿了冠军，给人生增添了亮丽的色彩。有的人喜欢厨艺，长期钻研，和朋友合作开了餐馆，生意非常红火。有的人喜欢在睡觉前读书，日积月累，竟也成了某一领域的专家。

看似一个个无关的爱好，但却带给人生一个个不经意的惊喜。

团队的修炼

你是否注意到或者细致观察过宗教仪式、传统仪式，我总是在那些仪式中，能找到团队修炼的价值与意义。

我注意到我国关中平原地区，在春节来临之际，总有一些迎接新年的仪式。有时候是村民自发的组织。我一直在观察，这些活动的初衷当然是在喜庆中迎新纳福，但民族与区域文化也在文化活动中悄无声息地进行传承。锣鼓喧天，铿锵有力，好像直接在人的内心里敲打，好像在传输一种能量。参与者各有分工，你敲鼓，我敲锣，传递着价值，让大家体会到你中有我，我中有你。锣鼓喧天中，小孩与老人也积极参与，老少同乐，其乐融融，创造了一种和谐的文化传承。

求神拜佛者祈求来年吉祥、风调雨顺，但在潜移默化中，移风易俗，给大家祈福，也给大家带来未来的信心。庙会也是宗教活动的生活化，大家可以做买卖、唱大戏等，总之，热闹非凡，生活的乐趣油然而生，让大家感受到生活的无穷乐趣，以及社会的万象。

这种团体的修炼、可以说是天人合一，丰富多彩，属于文化修炼、民族修炼，其中包含着精神追求、文化体验、亲身实践和全员参与等。

在很多时候，我们在市场研究中过分注重了个体修炼，却忽视了团队修炼，而团队修炼的意义与价值其实更大。

有一次，我们准备开展一次大型的市场营销活动。首先，我们面临如何调动团队的激情，增强团队的凝聚力。除了物质奖励，还需要有一个很好的市场营销方案，于是我们考虑开展一次团队修炼活动。我们开始寻找这个活动的主题、契合的关键点。当时，2012年伦敦奥运会即将召开，中国奥运健儿即将赶赴伦敦。让我们团队的全体人员与国家荣誉息息相关，不正是团队修炼的最佳追求吗?！我们立刻着手策划，在市中心广场庄严宣誓，举行了"为中国军团加油，千人长跑助威"活动，没想到很多市民也积极参与。后来，报纸、电台与电视台也赶到现场进行采访报道，大家激情澎湃，高喊口号，迈着整齐的步伐，活动进行得非常顺利，也取得了很好的效果。

团队修炼也是精神修炼，必须赋予活动更为远大的价值与意义，才能给参与者带来潜移默化的积极影响。

情绪如虎

很多人放任情绪，任由情绪恣肆，或开怀大笑，或痛哭流涕。有人因喜发疯，有人因痛而情绪低沉多年。情绪，其实也是一种力量。

有一个做生意的人，初到一个陌生的地方，虽然人生地不熟，但他非常努力，可没想到一波接一波的打击接踵而至。在装修的时候，店面不小心失火；员工出差途中不小心摔伤；周边人则不断造谣、中伤他，连家人也整天抱怨他缺乏关爱。但在他的执着与努力下，店面终于装修出来了，在朋友的帮助下，半年时间就实现了盈利。然而没过多久，一件小事让他积压内心已久的怨气一下子爆发了，他决定从当地市场撤出来。但在一个雨夜，朋友的鼓励让已经沉浸在失意中一段时间的他重新振作了起来。好友是一个充满"正能量"的乐天派，朋友告诉他，"如果选择放弃，不仅不能换来你的幸福，而且会使你更加痛苦。"一句话点醒了梦中人，他通过努力，生意又红红火火地做起来了。

情绪如虎，如果冲出笼子，后果不堪设想。冲动时，想想自己是否了解得全面，是否意气用事，是否好心办了坏事，等等。

情绪也能产生正能量，如果善加利用，就能如鱼得水，事半功倍，更为重要的是，能够产生一个正能量的气场，让更多的力量加入，带来更好的结果。

有两个人被关在了监狱，其中一位悲伤叹气，几乎失去了生活下去的勇气；而另一位却依旧积极乐观。站在窗前，面对外边，其中一位说："黑夜，烂泥路，悲伤多如此。"而另一位却说："谁说的，看繁星点点，如果在家里，哪会注意到呢？"可以想象，这两个人的人生结果会是多么的不同啊！情绪，是那么真实地存在着，如果不加以重视，就会像野草疯长，野火狂烧，就会像洪水一样无所顾忌。

将心态放平和，涵养情绪，这样无论发生什么都不会冲动，让大脑的园子清除掉杂草，"养活一团春意思"。所以，生活中要有几分恬淡，也要有几分热闹；事业中要有几分热心，也要有几分闲逸。在左右平衡中，情绪如满帆的船，必会驶向自己心仪的目标。

跑者的体验

有一位大师要将衣钵传于三个弟子中的一个,如何选择呢?他思虑良久,然后吩咐三个弟子各自登山,然后将自己的体验带回来。

第一个弟子很快就回来了,他兴奋地告诉大师,山顶溪流潺潺,山花烂漫。大师淡淡地说:"你辛苦了,那里只是山脚。"过了一会儿,第二位弟子回来了,他显得有点憔悴,双眼也带着疲惫,他告诉大师看到了天高云淡,时有鸟鸣。大师微微点头说:"你辛苦了,那是山腰,喝口水吧!"过了很久,第三个弟子才步履艰难地返回,不过他显得有点失望,山上的荆棘也刺烂了他的衣服。他略带无奈地说什么也没有看到,感觉有点悲凉。谁知大师马上站起来,说:"你到的就是山顶,我要找的传人就是你。"

山上何所有?这正是可以去问每一个热衷登山者的问题。

一个跑步者跑步的时候在思考什么呢,听村上春树说,他什么都没想,如果是长距离跑步,他会感觉到痛苦,但他喜欢这种痛苦的感觉。也许,这正是跑步者的"高峰体验",一种难以名状的,可以让自己找到自信的身体体验。

在别人眼里,一个马拉松选手无论如何都是艰难的或者非常不容易的,然而,对于一个马拉松选手来说,那正是自己需要的,也是一种宣泄自己的方式。

在市场经营中,有的人感觉到竞争让人疲惫,其实这种累只是一种表象,更为重要的是,因为自身的努力经营而使很多人获益,从而找到自身的价值。因为成功获得了经济的自由,可以更多地体会不同的生活,到不同的地方结识不同的人群,这何尝不是一种精彩呢?!

现在想想,那位大师用心良苦。真正的成功者,眼里不再是鲜花、掌声,也不再追求那种成功者一览众山小的"感觉",而是开始为别人"传经送宝"。在别人眼里,即使已经功成名就了,还总是略带失望,还穿着荆棘密布的衣服,全然没有成功者的感觉与体验,反而感受到了一种孤独与失落。然而正是这种体验,能够让他时刻清醒,不至于麻木,从一座山爬到另外一座山。

生活点滴

的确，在这个以多为美的时代，少，确实让人不可思议。

一个人如果每天如陀螺般转动，容易失去头绪，终会疲惫不堪，致使效率低下。很多情况下，一个人常以忙为借口，时间管理错乱，失去了走向卓越的机会。

上帝很公平，所有人一起面对日出日落，但在同样的阳光下却活出了不一样的精彩。除了机遇等因素，管理好时间，学会运用"少"的力量也非常关键。

管理好时间，不任意挥霍，对于一个高效率的人来说尤为重要。要对自己即将完成的事情进行分类与定性，分清哪些是重要而紧急的事情，哪些是重要而不紧急的事情，哪些是不重要而紧急的事情，还有哪些是既不重要也不紧急的事情。能够对自己要做的事情进行分类，就是朝完美的结果前进了一步。

拥有"少"的力量，就能够高效工作，让生活丰富多彩。

一个有早起的习惯的人会从其中获益很多。首先，在非常安静的环境中锻炼或者工作，这样的人思路清晰，效率很高，也比别人赢得了更多的时间。

坚持锻炼的好处不仅在于强壮了身体，更为重要的是锻炼了思维。一个经常锻炼的人，不仅做事雷厉风行，不拖泥带水，而且具有执着与顽强的品质，懂得如何释放压力，特别是注意力集中，不会随意分散精力。由于锻炼的原因，一个人的思维具有一定的张力和弹性，不再是直线思维，能产生强大的目标感，能够舍弃其他多余的东西，紧盯目标，直至成功。

家庭是事业的加油站，很多时候，家人的关爱能够释放内心的压力，为生活增添色彩。

多吃绿色蔬菜和水果，则是让自己更加健康。健康的饮食意味着健康的生活方式和健康的生活习惯。如果一个人整天摄取太多肉食，则会带来诸多不便。因此，健康的身体能带来无限的可能。

圈层价值

如果你是一位跑步爱好者,你就有机会领略一座城市的另一面,除了自然风光,还能触摸城市的心跳。用脚拍打着大地,用眼睛细细品味,那么,一座城市带给我们的启示远不止我们目前所知道的。

有时候我在想,一个城市繁荣的背后是否有一个秘密呢?我去过很多城市,也在那么多美丽的早晨跑过很多城市。

有一天,我在无锡,从市内跑向市外,再从市外跑回来,突然间有一种感觉,城市犹如百变女郎,并没有简单地停留在城市规划者的笔下,而是自有其规律的发展。城市的一个个商圈,犹如一个个部落,随着距离市中心的远近而不停地演进。

我发现距离市中心偏远的地方,大多是经营园林绿化,紧接着是物流公司,后又依次排开的是汽车销售 4S 店、车站、医院、科研院所、企业、大型酒店和特色区域(建材区、商品批发区、各种集散地等)、大型商超、CBD 及城市中心区。当然,每座城市的圈层顺序略有不同,大致是基于城市的定位与特色,还有城市发展的速度。

圈层是实实在在存在的,并不是简单的商圈概念,与商圈彼此联系，彼此影响。一座工厂排放的污水会对城市带来哪些影响呢？以圈层价值的视角来看，也许意味着洗车业的涨价，生意难以为继。全城市民知道自来水质量严重下滑，水处理产业生意兴隆，电视、报纸、电台等媒体聚焦水污染，铺天盖地地谈论，净化水公司开始在CBD、医院、企业等安装净水设备，最终人们发现，一座工厂不负责任地排放污水，浪费的公共资源惊人。

一个市场经营者选择一个项目踏入一座陌生的城市，是与业已形成的商圈比邻经营呢，还是另辟战场呢？一般来说，如果是蔬菜批发，进入批发市场要比在五金商圈成功率高，除非做的是商圈的配套产业。

营销圈层价值带给我们的启示远远不止这些。消费者也是层状存在的，如有小孩的家庭、有老人的家庭，老家在北方却在南方工作的人、买房没有买车的人、有房有车的人、结婚没有小孩的人，等等，不论针对哪个行业，细分群体，以圈层眼光来观察，其中拥有无穷的精彩！

身边的风暴

一次风暴的来临其实都是在平静中酝酿，而后产生让人震撼的力量。

我居住的小区对面有一家商场，是一家本地的企业，光顾的客人主要是周边居民。与那些大型商场相比，这家的管理和服务等并不是很到位。但正是这家商场的出现，让周边小商店的生意难以为继，纷纷改行。商场实行积分制，到商场购物的很多小区业主纷纷成为这家商场的会员。因为商场的人流量较大，饮食店、服装店、饰品店等如雨后春笋般出现，各种培训机构也应运而生。

有一天早晨，这家商场在门口的路边挂出了一条横幅："商场8.3折，仅限10月16日一天。"

和往常一样，下班后我来到了这家商场，进去后吓我一跳，商场里到处是人，连购物车都找不到了。怎么回事呢？今天是什么日子？旁边一位顾客告诉我，今天商场搞活动。于是一场"风暴"就这样来了。

一次促销活动推动一个"风暴场"的形成，我认为有三个原因：第一，不断成熟且扩大之中的社区；第二，周边不断成熟的商圈；第三，稳定而持续购买力的形成。

  一次简单到无须太多华丽辞藻修饰的促销，就这样点燃了一场猝不及防的"风暴"。商场人员手忙脚乱，显然超出了他们的预期，虽然做了些准备工作，但现场看来远远不够。虽然所有收银台都开足马力收银，可队伍依然很长。

  就这样不经意间，身边产生了一场难以预料的"风暴"。

谦卑的力量

在很多人眼里，谦卑只是为人处世的风度或气质，但在我眼里，谦卑却有着非同凡响的力量。

张先生是一位啤酒经营者，年纪轻轻就接手家族如日中天的事业。他带着想干一番事业的冲动，借鉴其他行业的经验，开展老客户联谊和公益慈善等活动，主动寻求与其他商家合作，构建了很好的人脉和合作关系，很多久拖未决的欠款也在他的努力下成功收回。

张先生的"三板斧"让人眼前一亮，很多人纷至沓来"取经"，他俨然成了一位"成功人士"。取得的这一切远远超过他的预料，于是他有些飘飘然。

一段时间后，他经不住朋友天花乱坠的劝说，开始投资一些陌生的领域。但实际的投资并未达到预期的目标，损失较大。后悔与失意时时袭来，他的脾气愈发暴躁。在一次会议上，他当众批评了被自己称为"叔叔"的公司副总，而这位副总是公司的创业元老，为公司的发展立下汗马功劳，在公司的地位很高。慢慢地，他们之间沟通少了，并且充满了猜忌和误解。

令人不可思议的是，张先生到公司的时间越来越少了，几位副总各占山头，相互"厮杀"，几乎到了不可收拾的地步。不如意的事情接踵而至，有好几位员工家里出事，他百思不得其解。

半年时间里，张先生要么很晚回家，要么不回家，在应酬和夜生活的刺激下，生活颠三倒四。

一次下楼，他不小心一脚踩空，伤到了脚腕，刚好下午有会他无法参加，结果几位副总因为一件小事大打出手，员工也接二连三地辞职。

这时候，一个新品牌一夜之间把货铺满整个市场，让整个行业目瞪口呆。

从区域霸主到销量下滑，生意如同坐过山车一般，纵有千万种理由，但关键一点是张先生失掉了谦卑，失掉了一个真正成功者应有的姿态。

谦卑不是做给别人看，而是将内心的人格力量转化成外在的力量，让自己更加从容，更加游刃有余，从而赢得更多的支持。

谦卑不仅是一种气质，还是一种生命的状态，能够随时发现和捕捉市场中的机会。

谦卑也能使自己更加洒脱，不论是事业初创，还是如日中天，都能够轻松自如地应对，不至于大起大落。

谦卑是一种力量，能够将资源整合起来，将团队团结起来，这样，一切外部力量都很难找到突破口和机会。因为，谦卑是强大的代名词。

喂养欲望

看了一部电影,很多内容都淡忘了,但其中有一句话让人深思。

"如果说,光明和希望是一头狼,黑暗和恐惧是另外一头狼,你喂养哪一只?"我想这一问句,不仅告诉了我们答案,而且也指明了道路。那就是无论黑暗与光明,我们每个人都是生活的参与者和建设者。这句话的哲理性在于暗示和提醒。

很多时候,一个人容易迷茫,迷茫的时候容易说错话、走错路,主要原因是不良情绪占据上风,导致自己做出错误的决定,或者对未来失去信心。所以,在做出每一个决定之前,不妨想想这句话。

美国在经济萧条时期哀鸿遍野,有一家制衣企业在整个行业危机四伏、同行不断传出危险信号的时候,却凭借其多年对产品的精益求精,对市场的苦心经营,稳扎稳打,在那个"寒冬"季节逆势增长,产品销售火爆,员工信心满满。然而,快接近岁末的时候,企业负责人却陷入了迷茫。在他看来,行业大势非自己企业所能改变,这是市场的大势所趋。但是,他还是谨慎地做出了选择,请了家战略咨询公司进行各种理论论证、分析研究,最后得出的结论是,要收缩战线,防止冒进。

企业很快开始执行这一决策：第一是减员，很快，多年的熟练工人"打包回家"；第二是减产，防止生产浪费。

是不是市场真的到了不可救药的地步呢？

正在大家都不看好的时候，市场却报复性增长，让所有人都措手不及。这个企业的产品更是供不应求，可惜的是，订单如雪片般飞来，可产品却迟迟不能满足。

如果这位老板在市场萧条的时候，内心喂养了"光明和希望"，那么在如此难以决策的关头，一定会得到最正确的答案。

喂养欲望，就是对未来的行动！

欲望本身没有什么好坏之分，就像一棵树一样，我们是准备把它培养参天大树呢，还是认为它只是烧柴用的呢？所以，在喂养欲望的同时，也在付诸行动，也决定着未来！

小聪明，大代价

在这个世界上，很多人都想成为聪明人，简单地说就是聪明的人不吃亏。是不是大家都成为了聪明人，就没有人吃亏了呢？

实际情况果真如此吗？

有一位做服装生意的人，营销能力过人。第一，他的记忆力过人。他能够绘声绘色地讲出多年前寒暄了几句的情景。第二，肯吃苦。事业初创时，他跑业务、卸货，又忙又累，而那时的合伙人则找各种理由不去帮忙。他想想自己还没有那么多资本，也想想"吃亏是福"的古训，也就释然了。正是这样的忍耐，很快他就积累了"第一桶金"。第三，天性善良。善良不仅使他在经商中保持了敬畏，还保持了本分，更为重要的是，善良让他一直保持着很好的个人习惯和操守，即使企业做大了，面对各种诱惑，他依然能够做到简简单单。

正因为他具有如此多的优势，很快就富甲一方。

似乎一切都很完美，但他有一个缺点：爱耍一点"小聪明"。正是他自己都轻视的"小聪明"，差点毁掉了自己的事业。

这种小聪明可能是源自于他创业时期，为了省钱，有时候该给员工的能省就省，自己没有感觉，而员工痛苦。有时该给合作人的，人家事情都帮他办好了，等到最后付钱时候却"死不认账"，让合作人很无奈，发誓以后再也不和他合作。太多的'小聪明"在他眼里无关紧要，但却实实在在地伤害着别人。

有一天他发现，公司的业绩越来越差，员工也接二连三地辞职，偏偏这个时候飞来横祸，让他损失惨重，甚至有传言说他快经营不下去了。这一切让他一下子懵了。

正是对小聪明的克制，使他能够在事业初创时期隐忍前行，虽资金短缺，但却能够通过自己的努力和态度，弥补"短板"，在合作中不断"吃小亏"，却捞得第一桶金。在事业兴旺后，对小聪明的放纵，对别人利益的无视，自然事业遇到了前所未有的瓶颈。

大事业需要大智慧，需要"大聪明"。如果计较"一城一地"之失败，那就很难有太大的作为。"风物长宜放眼量"。用宽阔的视野和胸怀，用'大智慧"，事业肯定会迎来灿烂的明天。

拥抱变化

变化可以说是每时每刻都在发生，可是很多人抗拒变化，害怕变化带来的改变。

变化的确能够带来诸多变数，但变化也孕育着改变的力量。

作为一位饮食业的从业者，如果不能快速变化，适应当前挑剔食客们的需求，则可能会在"舌尖上的竞争"中落败。

作为手机制造商，如果对用户的体验和需求熟视无睹，甚至强制用户顺应自己，那结果是相当可怕的。在手机革命之初，用户对于"手写"功能很迫切，这也成为日后智能手机时代到来的关键。如果手机制造商能够提前察觉到变化，那一定能在这场声势浩大、影响深远的革命中分到一杯羹。

拥抱变化，就是要看到变化趋势及变化带来的行业改变，从而能够在变化中寻求机会点，整合资源，做到利益的最大化。

一位市郊农民本来是和其他人一起种粮食的，后来一次偶然的机会进城到超市闲逛，突然发现蔬菜比粮食还要贵，他马不停蹄地赶回家，把粮食改种成蔬菜，建起了蔬菜大棚，收入比之前多了好几倍。一下子带动了村子里很多家种植蔬菜，形成了产业。他尝到了甜头，再次来到超市逛逛，惊奇地发现，奇异果居然那么贵，赶快回家种奇异果；有了上次的经验，他这次不仅自己种奇异果，而且还培育奇异果的果苗，并出售。这下子生意更是红火，不仅方便了村民买果苗，还很快形成了产业，让采购奇异果的商人更加方便，也让他不断品尝抢占市场"变化"的果实。

真可谓，变化孕育机会，主动变化就是领先市场。

无论从事何种职业，变化每时每刻都在发生着。有句名言：必须改变，除了父母、妻子（或丈夫）及小孩，不能变之外，其他都要变。可见说这话的人的"改变"决心之大。

市场变化，也不是毫无根据，而是有规律可循、规则可依。

正如服装行业，款式不断推陈出新，其实背后推动的一个力量，就是服装材料的变化，无论是化纤或者棉质材料，都在材料不断革新中，推动着服装行业的脚步。

大众的消费行为，也是从"洋气"到"时尚"，再到"追求自然"。那么，生产产品，无论是哪个行业，就要考虑消费者的消费心理。如果产品过分追求"奢华"，而没有考虑"自然舒适"，即使再高端，也会被消费者淘汰。

这就是隐藏在变化中的力量。无视变化，就是无视一种潜在的能量；拥抱变化，就是拥抱明天！

意志力量

意志，对一个人的影响很重要，可以说是一件事情能否成功的关键所在。

意志与兴趣、情绪紧密关联。很多时候，由于兴趣的原因，我们会忽视意志的作用；同时，情绪也会增强意志的力量。

意志，就是能够持久支撑，直至一件事情达成的品质。

父亲是一位几十年的"老烟民"，过去在农村干重活，烟瘾特别大，尤其在陕西老家，熟人见面互相递上香烟是表示热情的一种方式，很多人已经将抽烟融入生活的方方面面。如饭后一根烟，聊天时抽烟，考虑问题时抽烟。总之，在一起抽烟总会有很多种理由，也会找出很多种理由。

我和父亲住在一起，偶尔也会帮父亲买烟，虽然知道这对他身体不好，但让他戒烟总觉得对他来说是一件很难的事情。所以，总能看见父亲在阳台上抽烟。儿子上了幼儿园，小家伙知道了抽烟的害处，经常站在阳台上对爷爷讲抽烟不好的道理，父亲只是呵呵一笑。

直到有一天，我出差回来，连续几天都没有看见父亲抽烟，感觉很诧异，又不知道该怎么去问。又过了几天，我终于忍不住问了父亲，谁知父亲告诉我他已经戒烟好些日子了。看他说的那么轻松，好像一点都不难受，更加让我不解。我问他是什么原因让他下这么大的决心戒烟，他告诉我，他有一次在阳台上抽烟，谁知道我儿子过来蹲在他旁边，很感兴趣地说了句，爷爷，抽烟这么好，等他长大了他俩一起抽。父亲听到这句话一下子愣住了，虽然只是几岁的小孩，但这句话着实把他吓了一跳，这才发觉抽烟还会影响孩子。从那以后他再也不抽烟了。

父亲戒烟的意志，竟然是因为我儿子的一句话。而他能在70多岁暴发出如此惊人的意志力，源于他对小孙子深深的爱。

我见过高考时很多父母冒着高温酷暑，等在考场外边，这种意志，就是出于对儿女成才的关切。

有一位母亲，小孩半夜生病，那时候医疗条件差，那位母亲抱着小孩徒步数十里路去医院。这何尝不是出于爱的意志。

意志，需要持续地锤炼，使之更加坚定。

意志，需要持续挑战困难，通过达成目标，使得意志更加坚韧。

一个很少运动、身体发胖、随之而来受到疾病困扰的人，不妨给自己制订一份训练计划，可以是跑步，或者游泳，也可以去健身房。总之，就需要不断突破自我，不断淬炼自己的意志，使之更加坚定和执着。

意志也需要保持一个良好的心态，避免受到干扰，从而能够持续不断地发力，使自己更加强大。

极致的秘诀

如果把极致作为一个标准的话，我想：无论是做产品还是工作状态，结果都是最佳的。那么很多人会说，我每天面对的是大量重复性的动作，何以做到极致呢？

极致的秘诀就是新鲜感。这一定义是我自己的一个体会。

某地有一奶粉代理商，销售额一直在100万元左右，从来没有大的突破，而他做梦都想来一次突破，而他的目标是销售额达到1000万元，如何才能实现呢？

他开始思考，摆脱了现有思维模式，使用目标倒退法，设想若要实现1000万元的目标，需要进多少家超市，需要聘用多少位营业员，等等。同时，他开始用全新的思维看待自己所在的行业，无论吃饭还是走路，他都如痴如醉地思考，设想自己是一个做轮胎的来卖奶粉，会有什么样不同的招数；设想自己是一位医生转行来卖奶粉，会如何做销售；设想如果自己是一名厨师，会使用何种方式来销售奶粉。仿佛灵光闪现，他发现自己以前将思维困在行业里，从没有跨界思考，思路转换后突然发现，自己如此熟悉的行业具有了前所未有的新鲜感，自己以往想都不敢想的东西突然间闪现在眼前，让自己应接不暇，脑洞大开。正是这种前所未有的新鲜感，让他一下子拥有了思路，开拓了新的天地。

有的工作是重复性很强的工作，更要让自己保持新鲜感，能够每天以全新的姿态面对每一天，创造新的价值。

如果是一名餐厅服务员，为了把工作做到极致，不仅要礼貌周到，还要让客人用餐愉快。如果客人点了招牌菜，出于尝鲜的目的，那么上菜的同时最好口头介绍这道菜的特色、渊源，以及蕴藏其中的故事。要让客人了解这道菜，也要让客人觉得选择这道菜是明智的。在一位想做到极致的服务员的眼里，其实每一天是不一样的，面对的是不同的客人，保持新鲜感会让客人拥有难忘的用餐体验，不会感到沉闷和单调，这也是很多餐厅面临的最大难题。

要做到新鲜感，最重要的是善于学习。

善于学习，就是要不断地去捕捉思考的火花。温故而知新，来自书本的经验也能够激发自己的灵感。而跨界学习更是能够让自己拥有新鲜感的源泉，但也要用心体会。

用心体会，感受每一件事物的运作规律。这样能够激发出工作热情，保持一定的敏感度，从而养成习惯。这样，无论何时何地，都能激发出自己的激情和活力，不会让每一天的重复湮没自己的热情和智慧，从而让自己更加高效地工作。

工作要极致，新鲜感很重要，这是治疗职业倦怠的一剂良药，能够让每个人都迸发出智慧与活力。

静的修养

曾国藩曾说:"用极冷的心做极热的事情。"此言道出了修身和处事的秘诀。"极冷之心"就是静心,而这个"极"不仅说明了"静"的程度,同时也说出了"静"是需要持续修炼的,不可能一蹴而就。要想修炼一个人的修养和修为,就去做"极热的事情"。

一个人的"心静",关键是在"遇事"和"无事"之时。

很多人遇见或处理一件事情,或急,或苦恼,或拖延,等等,特别是那些棘手的事,更需要"每临大事有静气"。

有一家餐饮企业经营了好多年,总是不温不火,老板找不到原因。正在这时,新的店面经理走马上任,在他看来店面生意冷淡,原因是广告宣传太少,于是乎铺天盖地的广告宣传,过后发现确实有些效果,但收效并没有想象中得好,而投入却很大。这时,各种风言风语传来,着实让他着急。

有一天,他回了趟老家,一个人站在大山中,四周万籁俱寂,可能是环境的作用,他静下心来,回头看自己做的事情,好像变成别人来看自己一样。自己到底要什么,目标是什么,自己现在有什么,需要怎么做才能实现自己的目标?原来,通过广告宣传也就是增加了进店率,可员工并没有积极行动起来,导致很多客人成了"一次性"的,回头客很少。原来,忽视了关键——人的因素。

因为自己的员工常在身边,所以容易被忽视。其实,员工何尝不是品牌的代言人呢?员工的一举一动,何尝不是代表餐厅的形象呢?员工如何利用现有菜品和门店资源,给客户提供优质的消费体验,让客户能够持续不断地来消费呢?餐厅是否要有持续的互动,有新的菜品推荐?还有老顾客是否能够让他们具有优越感,能够经常唤起他们的注意力呢?安静的大山让他的心静了下来,却让他的智慧一下子喷涌而出,等待他的是轰轰烈烈地再大干一场。

"无事"不可"生非","无事"时要有"有事"时的状态,而不是彻底地让心放松,这样能够时刻处于修炼的状态,涵养静气,蓄势待发,一旦着手处理事情则能得心应手。

"静"是一种修养。一个人在有了静气之后,就可以"以事练心",不断总结,不断提升,最终成为处理事情的高手。

不同凡"想"

如果我们和其他人的想法是一样的话,那么生活中真的会和他人"撞车",难免会进入"红海"。究竟如何摆脱思维"撞车",关键是要不同凡"想"。

相传有一群小孩和大人一起逃难,因在烈日下赶路,大家口干舌燥,渴望能有水喝。这时,有一个伙伴大喊一声"崖上有李子树"。这一喊,一下子把大家的精神都喊出来了,大伙儿一窝蜂地朝崖上冲,只有一位小孩静静地站着。大家折腾了半天,才爬上山崖。那时,正是太阳最毒辣的时候,大家汗如雨下,又累又渴。来到树下,天哪,树上的李子黄澄澄的,他们激动万分,但是不好摘,于是大家急中生智,来了个"叠罗汉",费尽周折,终于摘到了李子。可谁知道,等送到嘴里一咬,苦涩难吃。转身一看,崖下那位小伙伴还在乘凉。他刚才一直喊着不让大家去摘。大家赶回去询问他如何知道这个李子的味道,只见这个小孩不急不躁地说,现在正值兵荒马乱,这条逃难路上奔走着不知道有多少人,可这棵李子树就在路边,挂满了李子,竟然没有人摘,一定是不好吃。大家恍然大悟,深深为他的不同凡"想"所震撼。这个小孩正是因为拥有如此惊人的思维,长大后果然成就了一番事业。

企业和学校也都需要激发创意，同时能使创意源源不断地涌现。这需要一套很好的机制来运行。有些企业和学校一直奉行军事化管理，将严格和简单奉为管理的法宝。军事思想对营销和管理的贡献有目共睹，但管理是一门艺术，需要激发员工的热情与活力，需要能够创造性地工作。以不同凡"想"的思路来看，走极端，简单划一，在某些程度上是低效和没有创造力的。

不同凡"想"对企业的战略更为重要。在市场竞争中，企业能够保持敏锐的嗅觉，保持创新，就能够找到一条崭新的道路。

正如早期的照相机，聚焦的是摄影师的需求，将照相机的功能不断锁定在如何快洗，直到"立等快取"，即使这么快了，还没有真正满足消费者的需求。真正的"想"是一个"人人都做摄影师"的时代到来，可以随时随地拍照、保存，是否冲洗已经不重要了。正是手机的跨界延伸，直接让照相机制作商"关门大吉"，因为消费者就是需要这么简单，这么易于实现的方式拍照。

任何时候，如果想想自己的想法，是不是别人也这么想了，那就要小心了。如果这个想法不同凡"想"，那就真的值得一做、值得一试。

向导威力

　　喜欢徒步旅行的人都有一种感受，那就是对导游的依赖性不是很强。在某个景点可请导游介绍，也可不请。一些学识渊博的游客即使没有导游，也能看出个"一二三四"。而在野外徒步，向导的作用是不可忽视的，甚至是很重要，决定了能否沿着正确的路线前行，能否安全到达。

　　我有过很多次野外徒步的经历，无论是南充的青山绿水，还是敦煌的漫天黄沙，都让我记忆犹新。记得有一次徒步旅行，带队向导活泼大方，她让大家叫她"燕子"，还有一位帅气的向导叫"老虎"，一人走在队伍前面带队，另一人走在队伍后面断后。不知不觉我们行走了20多公里。中午，我们来了一次厨艺大比拼。大家吃着原汁原味的乡土大餐，美美地享受了一顿。他们每次为我们设定一个目标，告诉我们这个目标有多么美妙，有"最美乡村"，有"柑橘自摘"，有"竹林迷宫"，等等，总是在大家的期待中。特别是敦煌的108公里，需要的是全力以赴、破釜沉舟的勇气，如果稍有懈怠就不能完成。

　　在从化，我总听到燕子鼓励大家："你可是男子汉啊，坚持一下，前面就到了。""上次我们带队的时候，有一个女孩子看起来弱不禁风,但是她一直咬牙坚持,真的很棒。你们身体这么好,肯定可以的。"很多人抱着试试看的心态,再次鼓起勇气向前走。有的女孩子腿抽筋,滑倒了,爬起来继续坚持。这两位向导后来成了我们很多人的朋友,很多次户外活动,我们都邀请他们一起参加。每次他们都能带大家走上一条从来没有去过的道路,让我们看到了美丽的风景。不觉间,大家都走出了一个让自己都惊讶的徒步纪录。

一个好的向导带给旅行者的思考很多。做目标管理时,为了活动的成功要设定一个高目标,这样才能激发大家的斗志,活动结束后,参加者自然会拥有一种成就感。还有不断设定阶段目标,将大目标划分为一个个小目标。很多跑马拉松的高手都是将40多公里的路程划分为一个个小目标,然后一个个地去拼、去完成,这样,小目标会快速累积,直至完成大目标。

每个人都蕴藏着巨大的能量,需要不断地调动情绪,不断地激发。通过磨砺心智,才能真正地使每个人全力以赴,从而取得意想不到的成功。

正念力量

　　如果不是自己亲身实践，真不敢相信正念有如此不可思议的力量。
　　有一个村子的主要经济来源是种植苹果树。村子还有一个风景区。这个景区是当地有名的景点，每天游客络绎不绝。其中一家果园的主人姓张，每天看着这么多的游客，而景区门票这么高，于是开始盘算起来。原来通过自家的果林也能到达山上的景点，他寻思着如何利用这条路线挣钱。有一天他利用别人问路的机会，偷偷告诉别人，自己这里有条路也能上山，而且只收门票一半的价钱。果然，很多人一听说，马上改变主意，掏钱从他这里上山。这样挣钱太容易了，只要坐在那里，就可以挣钱，真的是"此山是我开，此树是我栽。要想此地过，留下买路财"。他因为整天忙着收钱，根本没有时间打理苹果树，果园渐渐荒芜起来。他这种乱收费的行为被景点管理区发现了，找他理论，他每次都寻死觅活，大吵大闹。
　　村子种苹果的人把苹果拉到景点旁边叫卖，个个生意好，大家看到了这一好处，对老张的行为开始有了看法。
　　景点管理区花费了重金来打造景点，老张的这种行为是对景区管理的挑战,村子里的人也开始给管理区出主意,加高了上山顶的护栏,让老张的"捷径"变成了"断头路",老张的生意一下子失灵了。气急败坏的老张直接住进了医院。

同样是种苹果,村子里的人因为这个景点而发家致富,有的开起了加工厂,有的在城里买了房,这个小山村发生了翻天覆地的变化,而老张却因为敛财心切,动了邪念,落得了"鸡飞蛋打"。其实他身边就有一个很好的案例。比他家更加偏远的一家果园,搞起了水果自摘,没有水果的时候搞"看果花,发大财",果园里既没果也没花的时节就搞"果园里的茶社"和"民宿",生意红火。

唐朝玄奘法师西行取经,遇到的困难是难以想象的,但因为有正念的力量,促使"宁可西天一步死,不愿退后一步生"。这种毅力和决绝的精神,成就了他旷世的成就。

正念会引导思维,聚焦能量,整合资源,真正地实现境随心转,直至实现事业成功。故正念力量是无穷的。

早的意义

我一直在想,为什么那么多的唐诗会吟诵到桃花和迎春花。是否因为诗人经过漫长的寒冬,突然出现的一抹春色,让等待已久的诗人一下子激发出无限的创意与灵感?这也许就是花开得早的好处。花开得早,就会被诗人吟诵。

聪明的鸟儿懂得早起的智慧。清晨,一切都刚刚苏醒,鸟儿展开翅膀开始寻找吃的东西。早起的鸟儿不仅争取到了更多的找食时间,而且还赢得了更多的机会。

拿破仑说过:战场上就是要比对手早到五分钟。可见,抢占先机的重要性。

大概是1997年,有一个商人看到城市里的人都到大型商场和超市购物,而北方乡镇里的人对超市还比较陌生。于是他就萌生了一个想法:把城市的超市模式搬到乡镇市场。朋友们都劝他,大家还没有接受这种模式,是不是太早了?他自己也疑虑,可他转念一想,如果大家都看好了,还有商机吗?是不是更应该抢在别人前面呢?于是,他毫不犹豫地在乡村建起了超市,出乎所有人的预料,店里的顾客出奇得多,每天都挤满了人。正是这种抢先战略,让他品尝到市场的"头啖汤"。

"一日之计在于晨。"早上起来,先梳理一下开展工作的优先顺序,理清思路,聚焦工作重点,这样就将"早"的优势发挥到淋漓尽致。

"早"能够充分实现先发优势,提前开发市场,实现"撇脂战略",抢先获取市场高额利润,抢占顾客第一印象。

产品上市也是一样,抢先上市,不仅提前获利,还能使产品更加稳定和成熟,即使进入衰退期,也会因为前期强大的销售惯性,推动该系列产品继续热销一段时间,实现更大的产品推广价值。

"早"对一个人的成长来说,也是具有重要意义。

古人早就发现了人生"早"的意义。"几处早莺争暖树,谁家新燕啄春泥。"白居易的这首《钱塘湖春行》,描绘了一幅春意盎然、欣欣向荣的景象。家喻户晓的"闻鸡起舞"则是起早磨砺意志、练就本领、珍惜时间、渴望建功立业的代表性故事。更有"莫道君行早,更有早行人",不断砥砺自我,实现人生的突破。

低谷求生

很多人都惧怕人生进入低谷,其实,真相未必如此。

很多人习惯了掌声和鲜花,一旦赞美声少了,就感觉不习惯了,心理失衡了。其实大可不必,正如大自然有高峰,有峡谷,有晴天,有阴天。谁能想象得到,乔布斯正是在经济不景气的时候,开发出了革命性的产品 iPad 和 iTunes。

有的运动员在运动生涯中,通过拼搏获得了全国冠军甚至世界冠军,他被簇拥在鲜花和掌声中,自己也在为更高的目标奋战。就在这时,伤病等原因让他们难以继续运动员的生涯,只能艰难面对,做出转型的决定。有的运动员没有心理准备,一下子变得无所适从,甚至走向极端。人需要坦然面对人生的"低谷"这一常态,需要在合适的时间做合适的事情,否则就要被现实所淘汰。

很多行业突遇市场调整和市场环境变化,主营业务受到严重影响,不知道如何面对,有的在过重的压力下直接"举手投降"。

深圳有一家小厂是制造手机屏幕的,所谓制造不过就是组装一下。前些年手机行业火爆,这个二三十人的小厂生意也自然火爆,像这样的小厂在深圳有很多家。2015 年,面对突如其来的订单减少,让这个老板手足无措,致使很多同行直接关门。有一天早上，这个老板像往常一样跑步，发现跑步的人很多，而且很多人装备齐全。他灵光一闪，突然意识到是否可以做运动类的东西呢？经过一番考察，他发现运动装备类比起手机配件更加简单，于是决定很快上马项目。就这样，他的企业发展越来越好，网上订单络绎不绝，一下子激活了整个工厂，工人收入增加，个个充满了活力。而曾经做手机配件的很多老板，有的跌入了"人生谷底"，因为从一开始他们就相信，人生有所谓的"低谷"。其实，如果真的人生有低谷的话，那么无论从哪个方面讲，往上爬都是上升，都是突破。

现在看来，所谓低谷不过是人生的另外一种状态，任何时候，都不可能是固定不变的，变，才是永恒的命题。那么，关键是面对变化，如何积极应对，是主动出击还是消极应对，是发现机会还是绝望叹息？

对拳手来说，低谷正是"收拳"的那一招，人人都知道进攻，都知道各种凌厉的招数，关键还要知道收拳，懂得收拳，这才是真正地懂得进攻的人。收回拳头，才能打得更准、打得更狠。

低谷正是蓄积能量的时机，身心休整后，再次整装出发。很多企业正是在市场低谷期，研发出了划时代的新品。

"要在冬季开始卖冰激凌。"低谷求生，就是要有活在当下的精神，珍惜低谷时期，练就一飞冲天的本领。

聚焦能量

很多人制定目标和计划,都有着无限的雄心壮志,认为自己能做太多的事情,可是每到年底,却发现,一年时间能做的事情真的有限。如果每件事都浅尝辄止,最后什么事情都没有做好。

任何时候,时间和人的精力都是有限的,如何能在有限的时间里办成大事?!

毛泽东"用兵如神",特别是"集中优势兵力,各个歼灭敌人"的军事思想,强调在敌强我弱、敌优我劣的条件下,采取集中优势兵力、各个歼灭敌人的作战方法。这种战法的效果是一能全歼,二能速决,如此就能最有效地打击敌军,充分地补充自己,使敌人士气沮丧,使我军人心振奋,能迅速地转移兵力以各个歼灭他路之敌。实行这种战法在作战指导方面应注意和强调:必须集中绝对优势兵力,即六倍或五倍或四倍,至少也要三倍于敌的兵力,反对平分兵力。毛主席多次强调这一战法的重要性,从这个战略上,我们发现了聚焦的强大力量。

正因为聚焦,太阳灶能够将阳光聚集一点,从而轻而易举地将水烧开。

有一家公司,在年初制订工作计划时,每个人都豪情万丈。

大家觉得未来一年能做的事情很多。每个人的重点工作都写了十几条，等到年中一看，很多事情都只是推动了一半，有的也只是刚开了个头，一下子慌了手脚，等到了年底再看，真的没有做成几件事情，反而浪费了资源和时间。

聚焦才能专注，专注才能将一件事情真正地做好。

在品牌宣传方面何尝不是如此呢？很多人什么广告都想做，殊不知资源都是有限的，什么渠道都去投放，无疑是撒胡椒面。而聚焦某一渠道、某一类人群，通过宣传到位，将诉求真正地表达出来，就能发挥出难以想象的影响力。

那么何以聚焦呢？关键是要找到目标，找出可以整合的资源，通过强势整合让资源最大化地发挥作用。

在工作中，聚焦就是重点解决全局性、关键性问题，不是眉毛胡子一把抓，而是要有重点。只有关注了全局性问题，其他问题才能迎刃而解。

在工作中，很多人希望同时可以做几件事情，殊不知这样不仅低效而且质量不高，一次把一件事情做好，也为做好其他事情挤出时间，如此，才能更顺畅地做好其他事情。

聚焦更要有心无旁骛的精神，不能什么都想做，这样什么都做不好。聚焦能够产生不可思议的能量，是因为聚焦能够让思维更加缜密；同时，因为资源的集聚，资源优势被强大地发挥出来。

聚焦的能量强大无比。

新鲜感

很多人认为,无论工作还是生活,总是年复一年,日复一日,这样的日子过得枯燥乏味。那么,如何让每一天都过得与众不同?

同样的菜肴,"新鲜"绝对是一个非常重要的卖点。"新鲜"已经成为营养品质的代名词。近年兴起的"农家菜"热潮,就是主打"新鲜牌"。

有的人初涉职场,有着万丈豪情,对现实有着太多的看法,恨不得一切按照自己的想法改变一下;殊不知真正融入后,才发现很多东西不是自己想的那么简单,不是自己想做什么就做什么的。等到工作一段时间后,激情被打磨掉了,也就没有想法了。

有一位公交车司机开车很多年,他没有把重复性很强的工作作为"烦躁"的借口。虽然每天走的是同一条路线,但是在这条线路上。他每天看到的都是不同的风景。随着季节的变化,路边的树显现出不同的风景。每一天商家都随着季节做着各种促销活动,人们的着装也随四季而变化着。

新鲜感就是要保持"初心",真正做到"不忘初心,方得始终"。初心的状态就是对一切都是新鲜的,不因为时间或者经验而为自己定性。相反,因为时间和经验更加追求初心,能以全新的眼光和心态看待眼前的一切,从而发现与众不同之处。

刚毕业的大学生,既要以新鲜感的眼光,以脚踏实地的工作精神,在实践中不断磨砺自己、审视自己,也要将那种"虎虎生气"变为工作的激情,从而使工作更加高效、更有成就。

优秀的人,不会因为重复性的工作而懈怠,不会因为优秀而走向默默无闻。新鲜感,可以让一个从业多年的人重新出发,从心出发,以一个全新的视野,不断"保鲜"自己的工作和自己的心灵,这样,迎着每一天崭新的太阳,迎来的一定是崭新的未来。

问题的价值

很多人都怕遇到问题，怕面对问题。在他们眼里，问题都是不好的，问题越少越好。真是这样吗？

我听过很多次总结报告，大多是总结成绩，而不足与问题则轻描淡写，生怕因为谈问题从而影响了总结成绩。我见过走极端的，总结只谈问题，甚至夸大问题，这样反而引起大家的不快。

史玉柱曾说："人在成功的时候是学不到东西的。"

"亡羊补牢"的寓言故事说明了这样一个道理：如果主人没有面对问题，任由狼群肆虐，那么羊群会继续受到伤害，自己也会受到损失。因此，面对问题就要解决，问题不复存在了，就能带来价值，就更有意义。

有的人习惯了拖延，一件事总是拖延到不得不办的时候才去办，这样时间长了，自然就拖延成性，养成习惯，做起事情来效率就低，自然而然在同事心目中形成了办事效率低的印象。改变拖延症，就是"今日事，今日毕"，直面问题，立即解决。这样，方法越来越多，能力也越来越被认可，自然也就成了大家心目中处理事情的高手。

问题，其实是裹着污泥的钻石！

有一家百年包子店，口碑很好，特别是制作工艺独特，远近闻名，已经开了好几家连锁店。有的店生意火爆，员工每天从早忙到晚；而有的店虽然位置好，口味一样，客人却很少。这让店老板很费解，甚至将生意好的店的店长换过去，起色也不大。到底是什么原因呢？这位老板试着以顾客的角度观察，惊奇地发现，原来这个店停车很不方便。同时，他还发现，隔壁废弃的工厂正好可以租来停车。他立刻行动，制作路牌，特别提醒有停车场，生意一下子就好起来了。接着，他继续带着找"问题"的眼光，发现在这家店附近找洗手间也很困难。他立刻行动起来，将自己店里的洗手间重新装修，备有厕纸，安排专人打扫，定期检查，慢慢地周边的人都知道这家店不但包子香，而且停车方便，还有个干净的洗手间，生意更加红火。

　　问题就是契机，就是突破口，就是转机，以问题为抓手就能找到开辟新局面的钥匙，更能执牛耳，开拓出新领域、新天地。

　　这就是"问题"的价值。

"禅修"式思考

"道可道,非常道。名可名,非常名。"越是值得去探究的东西,越是说不清、道不明,只能意会。我虽不懂禅,但很多禅修的方法带给我思考。

我看了日本禅师铃木俊隆的《禅者的初心》一书,才知道乔布斯是因为看了这本书才深深喜欢上了"禅"。我却因为铃木俊隆对禅修的方法,开始认真地思考,深刻地感受到,乔布斯的"苹果",为何能够简洁而又空间无限?到底乔布斯的智慧来自哪里?答案的关键是抓住了事情的本质。这也正是禅修的妙处,是禅的智慧。

禅修的方法之一是"在虚妄中修行"。就是要在红尘中练心,在开悟之前开悟,而不是在修行中修行。特别是在自己大脑中涌现出各种"妄念",并不是要去刻意地与之作战、对立,而是先要判定它"这就是妄念",然后不再理睬它,任它随意,因为这样妄念反而会自然消失。

寒山问拾得:"世间谤我,贱我,欺我,辱我,笑我,轻我,恶我,骗我,如何处治乎?"拾得答曰:"只是忍他,让他,由他,避他,耐他,敬他,不要理他,再待几年,你且看他。"

寒山和拾得都是非常有名的大师。寒山是唐代的一位知名的高僧，苏州的寒山寺就是以他的名字命名的。这句经典的对话，令后世人赞叹不已。很多人在这句话中感悟出了气度，体会出了忍耐，等等。稍懂禅修的方法后，感觉到了这何尝不是对治"虚妄"的良方。很多人有时候会莫名的痛苦，而深究这种痛苦，是来自于大脑中的想法，有些问题根本就不存在，是自己想象中的，有的甚至是未来的问题。可这些问题，只需要在大脑中"忍他，让他，由他，避他，耐他，敬他，不要理他，过后，再去看他"，这何尝不是一种思维的智慧呢？一个人每天会有很多想法，也会碰到很多人，如果每一件事都久久不能释怀，那么他的大脑就犹如一个仓库，总有装满的那一天；思考得太分散，注意力就不集中，就无法聚集起能量来，什么事情都只能"蜻蜓点水"，不能深度开发。

很多人总感觉自己太忙，有太多做不完的事情，处理不完的工作，可是同样的24小时，有的人却成就突出。表面上看是时间管理的问题，其实比拼的是是否抓住事情的本质，这样才能够"不畏浮云遮望眼"，才能够超越太多的琐事和无关紧要的事情。正如王阳明所言："破山中贼易，破心中贼难。"

"禅修"思维的好处在于：对于一个人来说，无论遇到什么事情，都能够轻松自如地应对，不会让"心"在一天的忙碌中迷失。

"天作孽，犹可违；自作孽，不可活。"正是由于很多人没有"禅修"般的思维模式，容易冲动，思维容易"跑偏"，让自己失去"平静"和"平和"，在决策时没能做出最优的选择。

禅修对于商业也同样有着启发意义。

几位珠宝商人都因经营珠宝生意发了财，也因生意缘故，经常来往。有一天，其中一个珠宝商人讲了自己最近新引进了一种首饰，虽不是珠宝，但同样能带给人"奢华"的感觉，而且能够卖出好价钱，自己已经发了一笔小财。经这位朋友一说，其他珠宝商人立即表示要进货，要一起发财。但有一位珠宝商人没有动心，他感觉这种东西不会持续很长时间。果然，其他几位刚开始是赚了钱，也进了大量的货，但市场突变，这种"闪闪发光"的东西如朝露一般很快就过时了，积压的货卖不出去，更可怕的是，消费者对这种"假珠宝"总是担心或者迟疑，即使买了也不放心。没有经营这种"假珠宝"的店家，却因为持续经营的名声，以及前期积累的客户口碑，生意越来越好，其他几位珠宝商的生意却越来越冷清。

在商业世界中，可谓"乱花迷眼"，因此，要看清商业的本质，必须要有一颗清净的心，要有一双火眼金睛。这正是禅修带来的思考。聚集思维的能量，看清思维的本质，识别"虚妄"等，这都是决策的关键，都能带来不同寻常的结果。

复盘决策

一件事情的发生总是有其意义，总是能够带给人思考、启发，那么，其意义已经超越了事情的本身了。

很多人做完一件事情后，已经懒得去想，懒得去理，开始投入到其他事情中去了。可是在他们以后的工作中，同样的事情总是会出现，结果也总是时好时坏。

是否可以找点时间来思索一下做完这件事情带给自己的启发呢？如果自己在做这件事的时候，运用不同的方法，会有什么样的结果呢？甚至是不同的心情，是否会有不同的结果呢？丈夫喜欢在外边应酬，妻子通过分析后自学厨艺，短短时间就能炒出几个好菜，结果发现丈夫一到晚上就回家，比之前少了很多应酬。这就是"复盘"的生活案列。

复盘不仅在于复盘自己的事情，也可以复盘别人的事情。因为大千世界，自己的精力和时间不可能做完所有事情，从别人身上去找方法，发现智慧，何尝不是一件美妙的事情呢？

复盘来自围棋。很多围棋高手都有一个好的习惯：下完棋后会重新将棋摆一下，改变一下棋子的走法，看看如何能改变局面，赢得胜利。

曾子曰："吾日三省吾身——为人谋而不忠乎？与朋友交而不信乎？传不习乎？"虽然讲的是为人处世，如何成为一名君子，可这个"三省"就是一种复盘。这句话也可以放到成功学上，要想成为大家，必须每日对自己进行多方面"审核"，长年累月，必有一番作为。

一位货车司机开了几年车后发现，和他一起入行的另一位司机不仅收入多，还雇了人。他拉货跑运输，其实并不是唯一的目的，其实是想开一家货运公司，为赚到人生的"第一桶金"。可是时间一长，这个目标慢慢被日子消磨掉了。当知道这个目标后，他把自己和另一位司机做了比较，他发现，其实他把大量的时间放在了开车上，很多时候都是空车跑回来，而另一位司机却放在了研究货物信息方面。他发现这一点后，便开始着手改变，重点关注物流线路和货源信息，不仅在手机上安装了物流APP，还有了自己的物流运输队。复盘，让他找到了方法，也找到了规律。

复盘，关键是要明确自己要什么，有什么，怎么做。"要什么"就是要有自己的目标，对目标的执着决定了事业的成败。"有什么"就是知道自己的资源情况，就能有效地整合资源，从而改变局面。"怎么做"就是一定要在复盘中找到规律，不断提升，使自己从"好"迈向"更好"。

复盘，是一种自我学习的能力，能够让自己更加强大，即使找不到学习对象的时候，也能找到学习的出路和方法，更能为决策提供依据。

寻找"难"受

每个人都喜欢做简单的事情,有的人甚至喜欢无所事事。长此以往,不会有任何作为。那么,究竟如何做才能在平淡无奇的日子里创造奇迹呢?

人们都有着"舒服"的偏好,希望让身体待在"舒适区"里。天气未冷,提前将暖和的衣服穿起来,殊不知身体的御寒能力在过分地保护中慢慢降低了。如果天气突变,身体自然容易生病。

那么应该怎么做呢?"夏练三伏,冬练三九。"这不仅是励志的语言,更有着健身的价值。冬季,让身体在寒冷中历练,这样能加快血液流动,让身体不会过分地敏感。坚持一段时间,抗寒能力慢慢就形成了。这就是主动寻找"难受"的价值。

在市场营销中,如何做到"空杯心态"呢?就是不满足于现状,勇于改变,关键是要拒绝"舒服",要不断地去学习新鲜的东西,提升自我,这首先就要挣脱原有的自己,保持开放的心态,不断接受新的信息,学会倾听。"三人行,必有我师。"这样就能寻找到新的增长点。

在餐饮行业中有一个怪圈,就是有一个新的口味或者一种新的吃法,很快就火起来,而且火起来的速度会让那些口碑很好的酒店也招架不住，消费热潮就如钱塘江大潮般涌来。可惜很多店面因为消费口味和新鲜感的变化而失去了优势，变得生意惨淡。其中一个关键原因是，很多经营者没有持续调动消费者的热情，没有增加菜品或改变口味，也就是没有增加"难度"，致使生意一落千丈。

很多人都有这样的经历，在每一天的工作中，总会面临一些困难的事情，而有些人非常聪明地选择了逃避，或者拖延不敢面对问题，在他们看来，面对问题就有困扰、就有麻烦。对销售人员来说，要保持敏锐的市场嗅觉，就要不断研究市场。但是做市场调研是困难的，因为要做大量的样本调查和分析。有的销售人员即使做了，也是应付式的，这样对工作是没有什么帮助的，也是在浪费时间。

试想，对一位健身者来说，早晨起来，面对寒冷的天气，他是继续锻炼呢，还是干脆回去睡觉？如果放弃了，那么不只失去了一次健身机会，而且可能会放弃健身计划；如果面对了，那么不仅能够起到健身的效果，还磨炼了自己的意志。这何尝不是"难"受带来的价值。

很多人是不想面对"难"受的，殊不知，每天面对困难的事情，不仅能够体现时间的价值，还会推动事业的发展，更重要的是持续地精进，持续地努力，将开辟一个全新的局面，取得新的辉煌。

乐观如金

天气到底对人的心情有多大影响呢？对于乐观的人来说，下雨或者阴天，他们会找到一个很好的理由让自己开心；而悲观者，天气影响则更大，稍有变化，心情也随之受到影响。

"春有百花秋有月，夏有凉风冬有雪。"四时有各自的神韵。经历寒冬后，春花烂漫，让人眼前一亮，能够让人振奋，给人生机和活力。冬天飞雪，天地间白茫茫一片，置身雪景，美不胜收。这就是季节带来的乐趣。

天地有四时，人的心情也会有潮涨潮落，所以，随时要观照自己的情绪，适时调整，让心态平稳，不大起大落，以免影响自己的事业。

乐观是将情绪升华成一种生命的状态，是主动、开放的状态，是时时精进、事事进取的状态。

很多人缺乏危机感，是因为在发展中，很多人会被发展的势头和自己的冲动结合起来，会使得发展处于超越理性，处于盲目的状态。而危机感则能使人们在做决策时，保持一份清醒，能够考虑得更加全面，不至于步伐过猛，进入发展"冲动"。

有一家糖水店开在电影院旁边。到了冬季，店老板开始担心自己经营的大多是冷饮类产品，生意会受到影响。正因为这种危机感的存在，老板减少了原料采购，在冷饮制作上也开始减少，这样，每天制作多少，就销售多少，确实比夏季减少了很多。其间，大量的贺岁片上映，看电影的人不但没有减少，而且更多了。有一天，老板招聘了一个新员工，这个员工发现有好多人带小孩来看电影，有些顾客要购买热饮，但他们店没有。于是，新员工提议增加热饮，老板犹豫再三，抱着尝试的态度开始制作奶茶和咖啡，结果，天气越来越冷，生意却越来越好，销量甚至超过了冷饮。春节已过，老板一算账，比夏天的收入还要好，出乎他的预料。到底是什么原因呢？主要是这位新员工有着顾客体验的经验，同时善于观察和捕捉消费者的需求。但核心点在于老板的悲观情绪受到员工乐观情绪的影响，使之情况得以大变。

乐观的人，能够积极寻求突破。

在乐观的人看来，雨天也有雨天的好处。一个经常运动的人，雨天是上天给他放假，让他好好休息，天晴再战。

乐观，犹如生命的阳光，不仅能够感受到温暖，更能在寒冬中坚信春天的到来。只有春天勇敢播种，才有秋天累累的硕果。

乐观如金，拥有了乐观，自然就拥有了人生的财富，也就能够畅享美好的明天。

要事为先

时间对于每个人都是公平的。每天都是 24 小时，在同样的时间里，有的人平庸，有的人创造出了不凡的业绩，这就是时间管理的差别。

最不容易觉察的东西最为有价值，也最为稀缺。空气，如果没有留心观察，肯定发现不了它的存在，最多感受到了自己的呼吸；而雾霾的烦恼，让大家将目光聚焦到空气，聚焦到了空气质量。是的，时间在我们眼里，就是日出日落，就是四季变换，就是不经意间从指间溜走，真是"白驹过隙""逝者如斯夫"。时间是有限的，就如同煤炭、石油这些资源一样，对于我们每个人来说，其实都是要去掌控的资源，要发挥出它们的作用来。

如何做好时间管理呢？最好就是要有计划，做到要事优先。

日本作家村上春树在《当我谈跑步时我谈些什么》一书中谈到自己的成功法则是：每天晚上 10 点准时休息，早上 5 点准时起床，清晨最宝贵的时间用来写作，白天处理不需要高度集中注意力的工作和杂事，傍晚开始放松，如此的自律，确实让他收获很多。

有的人无论重点工作还是杂事，用的时间和精力都是平均分配，或者是随意为之，这样是无法产生高效的工作状态或是做出出色的工作的。平均时间，无形之中会造成浪费。

那么，如何做到要事优先呢？

"凡事预则立，不预则废。"计划能够提前进入处理的通道，提前进入待处理阶段，有一张计划表，或者成竹在胸，这都是做好工作的前提。这张表可以是有形的，也可以是无形的。总之，在这一过程中，要将需要办理的事情按照轻重缓急进行一次排序，最后按照顺序办理。

工作中经常有这样的人，一天从早忙到晚，但是对他们的工作稍加盘点，却发现最重要的事情竟然没有办。很多人感到自己快累死了，竟然还是没有把事情做好，要么抱怨事情太多了，要么抱怨事情太难办了，等等，最后只能悲催地说"我这么累，没有功劳，也有苦劳啊"。其实，以要事为先，处理好关键事情后，其他事情处理起来就会更加从容、更加自在。

试想一下，在一家公司里，部门负责人如果将撰写年度计划作为自己上午的重点工作，那么，早会之后就应该开始撰写计划。但如果还在忙碌一些不太重要的案头工作，而两小时后召开的跨部门会议后，他突然发现上午已经过去了，下午更是因为有面试等事情接踵而至，当日撰写年度计划的工作就落空了，工作的焦虑感开始上升。其实，如果早会后强烈推动计划的撰写工作，那么，完全可以集中时间，在下午来忙其他不太重要的事情。可是，他这种低效的工作使自己丧失了一次做好工作的机会。

要事为先，是一种更加积极、主动的态度。处理问题要抓住关键、抓住重点进行突破，无论项目还是时间管理都能走向卓越。

无私的心

很多人的事业本来如日中天,或者家庭温馨和睦,却因自私的心而使事业中断或家庭离散。

时时、处处站在自己的角度,为自己考虑,这就是自私的心。这样,很容易失去朋友和亲人的信任。

拥有一颗无私的心,就是要敞开自己的胸怀,抑制自己的占有欲,多考虑别人的利益与感受,这样才能使事业快速发展。

商场中这类事例不胜枚举,可以说"财聚人散,财散人聚"。

有两兄弟,起初家境困难,后赶上改革开放的时代,两人甩开膀子,不分白天黑夜地经营面粉厂,生意越来越好。他俩准备扩大生产,可是二人从来没有考虑到底各自投入多少合适,再加上各自家庭的意见,各种问题都浮上水面,甚至弟兄俩在讨论的时候,竟然争吵起来,问题愈演愈烈,生意也大受影响。后来,扩大投产之事不了了之。过了一段时间,旁边新开了一家规模更大的面粉厂,现代化程度更高,服务也好。在这家厂的挤压下,兄弟俩的生意越来越差,最后被另一家面粉厂收购了,令人惋惜。由此可知,无私的心是合作的前提。无私,就能将自己和团队融为一体,使自己成为大家信赖的一员。

小张毕业于名校，人很勤快。和其他同学不同的是，他进了一家小公司，而其他同学大多进了名企或者跨国公司。小张所在的部门有好几个岗位，每个岗位都有一位主管，都是专业能手，由于分工不同，各个岗位沟通很少，形成了相对独立的模块。小张发现这样效率很低，但因初来乍到，他决心多看多学，同时主动协助其他同事。相处了一段时间后，大家需要帮忙第一时间会想到他。有两个主管因为生小孩，同时又怕因为请假使自己的模块受到影响，都把工作交给小张。小张认真工作，主动汇报工作的进展情况，得到了两位主管的信任。就这样，小张成了部门最受欢迎的人。无私，成就了大家对他的好感。第二年，他所在的部门领导调动了，公司决定进行公开竞聘，小张也报名了，虽然和他同台竞聘的几位主管资历老，经验丰富，但仅了解自己所负责的模块，而小张在竞聘中不仅提出了资源整合，还提出了独到的见解，获得了评委和同事们的一致好评。就这样，小张破天荒地当选了一个部门的主管。无私，让他在自己的职业生涯中，拼搏到了意想不到的高度。

老子说："天长地久。天地所以能长且久者，以其不自生，故能长生。是以圣人后其身而其身先，外其身而身存。非以其无私邪？故能成其私。"

无私，是一种非常可贵的精神。无论商场、职场还是家庭，有了无私就能够和谐相处。

做好"一件事"

我们每天都有很多的事情需要处理,有时候感觉真的是千头万绪。正因如此,有很多关于时间管理的书籍充斥于书店。

有一次晚上,我参加一家公司的座谈会,来的都是该公司的销售精英。大家参加了一天的拓展活动,都很累了,每个人依次上台分享,可能大家对分享这种活动司空见惯了,有的人已经窃窃私语,急不可耐,希望活动早点结束。有一位貌不惊人的女孩子走上台,她讲得很短,但我听得很清楚,她说:"我的经验就是每次做好一件事。"正是如此简单的一句话,现场很多人都没有反应过来,我问他们公司负责人这个女孩子销售业绩如何。一问让我很惊讶,原来她就是公司的销售冠军。

每次做好一件事,感觉很简单,简单到别人可以忽略不计,但是否容易做到呢?

这让我想起了那个有名的禅宗公案。有一次,徒弟问师父到底什么是"禅"?师父告诉他,"禅"无非就是砍柴、挑水、吃饭、睡觉。徒弟不解,问道,如果这也算禅的话,岂不是人人皆开悟了?师父却说,别小看这砍柴、挑水,有的人砍柴的时候,想着挑水的事情;挑水的时候,想着砍柴的事情。我细想:何尝不是如此呢?!

每次做好一件事看起来简单,其实有着相当的难度!

在很多人的时间管理中,事情做得越多越好,而每件事情都是浅尝辄止,没有做透、做到位。一味地贪多求全,不但不能推动事业向前发展,而且会打乱全局的部署。

有一个年轻人在职场已经打拼好几年了,有一定的工作能力,对一些事情说起来头头是道,可是,一旦交给他工作,总会发生这样那样的问题,他自己也觉得郁闷。后来我仔细了解了一番,才知道他做任何事情都是三心二意,即使手头正在进行的是一件非常重要的事情,他却为了一件无关紧要的事情占据了大量时间。这种习惯导致了工作质量低下,陷入了恶性循环,在工作上他一直少有建树。通过分析,我告诉他"每次做好一件事",他也抱着尝试的心态去做,工作状态明显改观。一个月后,令人不可思议的是,他一直腰痛的毛病居然减轻了,睡眠质量也越来越好,而他仿佛换了一个人似的,工作如鱼得水,一直跟进的项目很快有了进展。

一次做好一件事,就是将一件事不仅做好还要做到位。那么这件事情的完成必然带动整体事业的发展,产生带动效应和链式反应。

我突然想起那次分享会,那位销售冠军虽然话语简单,却道出了销售的真谛。

"圈子"的价值

以前读《孟母三迁》的感受不是很明显，而等有了一定的社会阅历后才发现，孟母的智慧会带来不可思议的成就。这就是"圈子"的价值。

一朋友欣喜地告诉我，他儿子考上了中国人民公安大学。我真心为他高兴。其间，我俩也探讨了教子之道。经过交流才知道，他非常关注他儿子的朋友。也许小学还不是很明显，但到了初中和高中，不管生意有多忙，他都会有意无意地问问儿子和谁在一起。他说小孩分辨是非的能力弱，容易模仿。所以，正能量对小孩的成长很重要。作为家长，不可能每时每刻跟着小孩，但能做到关注小孩的"朋友圈"，进而知道小孩是否健康成长。这位朋友事业成功，教子有方，看来关注"圈子"的价值是多么重要啊。

我们生活的"圈子"好比森林，要么我们被森林所困而走不出去；要么我们从森林里获取取之不尽的资源，享用森林带给我们的馈赠。

很多人也重视"圈子"营销，投入了很多时间和精力，结果大相径庭，反而为"圈子"所累，失去了主动性。要获取"圈子"的价值，一定要占据主动。首先要明确自己朝什么方向去，目标是什么,同时,要明确自己能够整合到什么样的资源为自己所用。清楚了方向和目标后,就知道了自己要走的路。

一个人的意志足够强大,可以影响到环境;反之,则受环境的影响更大一些。那么,对于"圈子"价值的挖掘来说,应该也是一样的。

罗杰·罗尔斯出生在声名狼藉的大沙头贫民窟,那里环境混乱,肮脏,充满暴力,是偷渡者和流浪汉的聚集地。这里的小孩从小耳濡目染,学会了打架、逃学、偷窃,甚至吸毒。长大后很少人从事体面的职业。这就是"圈子"的威力,对于那些自身意志力不是很强大的人,极易受到影响。但罗杰·罗尔斯是个例外,他不仅考入了大学,而且成长为美国第一位黑人州长。他上小学时,校长皮尔·保罗先生看到这些旷课、斗殴,甚至砸烂教室的黑人孩子,想了很多办法来引导他们,但没有什么效果。后来他发现这些孩子都很迷信,于是在他上课的时候就多了一项内容——给学生看手相。他就用这个办法来鼓励学生。当罗尔斯抱着怀疑的态度将自己的手递向校长的时候,校长说:"从你细长的手可以看出,你将来能成为纽约州州长。"这让他不敢相信自己的耳朵,因为他的奶奶讲他将来能成为一个小船的船长。校长的这句话成了他行为的旗帜。从此,他穿着干净的衣服,注意行为举止。四十多年里,他一直按照州长的标准要求自己,直到51岁那年成为了州长。

从罗尔斯的故事可以看出,"圈子"的价值有多么重要。虽然他出身不幸,但是他幸运地遇到了改变他一生的校长。他成功地抓住了这个价值所在,实现了自己的愿望。

"细微"的价值

如果不是亲眼所见、亲耳所闻,我自己都难以相信,运用"细微"的力量,能够做出如此大的成就。

我出差到南京所属的一个区,因为其离南京很近,当地人更愿意去南京购物,而南京的顾客是不愿意到一个小地方来买东西的。但当我们来了后才发现,朋友在当地的生意很红火。更让人称道的是,我们拜访的这家店的老板娘居然是网络营销高手,一年的网络销售额达到数百万元。这位老板娘看上去文文弱弱,但何以有如此大的力量呢?在与她的交谈中,我发现她条理非常清晰,知道我们探讨的重点。我加了她的微信后,看到她空间里发表的说说,文笔细腻,对生活点滴的感悟,能够带给人一些思考。她在沟通中非常淡定和坦然,让客户无形中增加了一份信任。她告诉我,她很注重客户的口碑,如果客户有意见,她会努力做到让客户满意,甚至会和客户成为很好的朋友。她虽处小地方,但地方小没有成为她做大生意的障碍。

"细微"的价值,是在别人没有重视甚至忽视的地方下功夫,从而成就一番事业。"谭木匠"做一把梳子,独具匠心,也许是别人忽略的、没有引起足够重视的"小玩意",经过他选用上等木材，采用各式各样的专业工具，再精心打磨，让每一件产品都成为艺术品。"谭木匠"通过"细微"的价值，走出了属于自己的一条路。

有一个年轻人钟爱咖啡，梦想着打造出中国版的"星巴克"。经过努力，他在一高档社区旁开了一家精致的咖啡店。开业后他发现，来喝咖啡的人寥寥无几，而房租却是一分钱也不会少。他整天在纠结中度过。有一天，他起得早就到四处走走，突然发现，原来周边的早餐生意异常火爆。这种生意是他以前看都不会看一眼的，虽然早餐价格并不便宜，但吃的人多。他也发现这种早餐制作简单，很多早餐点的卫生也不尽如人意。这么高档的社区，早餐市场如此火爆，早餐制作和卫生却差强人意，他从这个细微处发现了商机，立马想到了自己的咖啡店，不仅位置好，装修档次也高，厨师和服务员一应俱全。他立马着手，结果早餐生意异常火爆，早餐不仅成了他的主营业务，而且带旺了自己的咖啡生意。他也自嘲："自己是唯一的一个咖啡店卖早餐的。"

"细微"之处蕴藏着难以想象的价值，如同沙中之金，都是在细小中成就伟大！

"显而易见"的行动

很多人在行动之前都有计划，但是计划容易"过剩"或者"过大"。好的计划都是能够马上实施的，能够对任务的完成产生推动作用的。

有一穷和尚对富和尚说："我想去南海朝拜。"富和尚说："来回几千里地，你怎么去啊？"穷和尚说："一个水瓶和一个饭钵就够了。"富和尚笑道："几年以前，我就下决心租条船到南海去，但是凭我的条件到现在还没有办到，你凭水瓶和饭钵去南海，怎么行呢？"一年后，穷和尚从南海回来了，富和尚还在为租赁船只筹钱。

有两种人：一种是"完美计划"型的，一种是"充足资源"型的。对于"完美计划"型的人来说，将制订计划当作任务的全部，如同盖房子，再完美的图纸，如果没有动工都是无用的。很多人通宵达旦地为制订计划而努力，计划制订完成后，感觉任务似乎完成了，再没有一点行动，就这样不仅耗费了时间，而且也让机会白白地丧失。对于"充足资源"型的人来说，就是要将所有资源整合好，再开始计划。整合好资源、早做准备是非常必要的，但是要把所有资源都筹备充分却是不可能的，因为很多事情都是在发展变化中，需要不断去调整。如果静态地看待事物，感觉是静止的，其实市场环境和事情本身都在不断变化。因此，我们要"有条件要上，没有条件创造条件也要上"。

有一个人想学吉他，也想选择一把好吉他，苦于无人教，就将这一计划搁置。有一天聚会，朋友用吉他弹奏了一首歌曲，赢得现场热烈的掌声。他请教朋友是如何做到的，原来朋友在家门口买了把吉他，回家后，打开手机上的免费教学视频，就开始练习弹吉他。如此简单、如此"显而易见"的行动，让朋友学会了吉他。

很多想健身的人，因为肥胖的困扰，冲动之下，制订了详细的健身计划和饮食计划，可是很多人只是停留在口头或者是大脑里。其实这很简单，就从今天开始，每天早起半个小时，步行一公里，逐次增加，这样就在不经意间养成了一个好习惯。

有一位母亲苦于没有人为其小孩辅导英语，非常困扰。突然有一天，她觉得自己可以自学英语并辅导小孩。于是，她每天利用在家做饭的时间练听力，也带动了小孩的学习兴趣。小孩发现，其实学习就是这么简单，一个"显而易见"的举动，带来了不可思议的效果。

"显而易见"的行动，也许就是走出家门，就是拿起电话，就是迈开步伐，等等。因为伟大的成果蕴藏其中，新的改变即将到来。

"计划"的关键

很多人热衷于做"长期计划",感觉计划就是任务本身一样,计划列出来了,任务也就完成了。

很多人将"计划"作为任务的重要组成部分,从而忽视了实践。其实,计划在执行过程中,需要结合目标不断调整,确保执行到位。

有家公司在一段时间里,业绩没有起色,招人也成了问题,员工的士气低落。于是管理层商议,组织一次业绩大会战。一提起大会战,大家都心潮澎湃。公司决定召开研讨会,探讨如何实施此次大会战。会议从早上开始,行政部提前准备好了午餐,看到中午讨论得如此激烈,也为大家准备了晚餐。会议一开始谈的是如何提高近期的业绩,大家情绪高涨,谈着谈着提到了现在业绩不理想的原因。下午的时候,大家说今天聚在一起不容易,不如干脆把下半年的事情也谈谈,第二年的工作计划也顺带谈了一些,但有关这次大会战的计划只谈了一部分,于是又加班开会围绕重点来谈。因为所有人都不想在研讨会上表现太差,所有人都激情澎湃,直到谈论的目标高到让大家觉得不可思议,更不知该如何完成。于是大家开始细化"计划",提出要具体到人,具体到每一天,天快亮的时候有好几个方案呼之欲出。大家松了口气,天亮了,会议也散了,"计划"制订得很完美,前所未有的完美。可是,在实际工作中,大家该干什么照样干什么,好像什么事也没发生似的。就这样,业绩还是没有改变,日子还是那样一天天地过去。

计划的关键是执行,应该先迈出一小步,执行到位,而不是放卫星。

还有一些人喜欢不断地接受新任务,可是,每一项工作质量都不高,这直接导致了做任何事情都"习惯性流产",很难静下心来,脚踏实地去工作。

在制订计划的时候,有很多因素能够使计划悄然变形,比如参与者的决心、计划的实操性,等等。所以,制订计划最好有不同观点的人加入,应该有保守型和进攻型人员参与。保守型是确保计划能够顺利"落地",进攻型则代表着变革的力量。唯有创新和顺利执行有效结合,方能让计划发挥作用。

从计划到项目的达成,要有持续力,这样才能确保每个环节都能环环相扣。

"轻轻断食"

我无意要讲断食的好处，只是自己的减肥经历带给了我太多的思考与启发。

也不是一次冲动，其实在内心已经酝酿了一段时间，自己日益肥胖的身体让我真心羡慕那些身材健壮而健康的人。就在我寻思如何去改变的时候，机会来了。

在我出差某地的时候，和当地一位老总聊起减肥的事情，两人一拍即合，签署了"君子协定"，彼此监督执行。当时决心很大，定了一个很高的赌约。瞬间，我感受到前所未有的压力，因为我从来就没有停止过锻炼，却并没有因为锻炼而减肥，这让我有些苦恼。

当天晚上忙完工作，我迫不及待地冲出宾馆，一口气跑到了张公山。在拼命地奔跑中，我不断地问自己：我这么多年的锻炼为什么没有减肥成功？带着这个问题，我不断询问周边的人，在机场也是迫不及待地买了一堆减肥类的书，"狼吞虎咽"地看起来，慢慢发现，原来自己只是迈开了腿，一直没有"管住嘴"。

我开始有意识地减少自己的饭量，慢慢发现，原来自己不仅吃的多，而且每次都要吃到吃不动为止，这是多么可怕的一件事啊！自己吃了太多身体不需要的东西，让自己的胃从来就没有闲过，一直处于忙碌状态，身体也一直忙于消化而无暇兼顾其他。

"病从口入。"这句话的经典在于，人的很多病都是吃出来的，是欲望给自己带来了不必要的麻烦。

我本来是一个"左撇子"，为了少吃而改用右手。在吃饭的时候，恨不得一口将饭吃到嘴里，但因右手吃饭不方便，所以吃得比较慢，这样自然就吃少了。

我之所以不敢妄谈"轻断食"，是因为自己还没有真正做到，只能算是"轻轻断食"，如此的"轻轻"，并非毫无意义，而是深刻改变了我，让我懂得了少即是多，减少过多食物的摄入，却得到了健康，得到了清醒的大脑，得到了更多的时间和更加充沛的精力。

"轻轻断食"不仅美妙，还具有哲学意义。

"垂直攀登"

我无意之中读到了稻盛和夫讲解的"垂直攀登",从中感受到一种力量。

他说:"可能你会说从来没有攀登过悬崖;不行,悬崖就在这里,你必须攀登!可能你会说没有做好练习,回去练练再来;不行,你必须现在攀登!可能你会说没有带足器具,我回去拿器具回来再说;不行,你必须现在、立刻垂直攀登!"

"垂直攀登",首先是敢于面对,赶走心中的恐惧,激发出当下投入战斗的勇气,绝不给自己找借口,即使条件不太成熟,也要努力面对,直至赢得胜利。

"垂直攀登",就是要丢掉幻想,如同即将参加考试的学生,幻想考试的内容正好都是自己复习过的,那该多好。可是这种想法,在很多情况下都是经不起现实考验的。如果抱着这样的幻想,想要实现考试成功那肯定有困难。如果以"垂直攀登"的勇气,以拼搏努力的姿态,认真投入到学习中,好的结果可期。

很多情况下我们开始着手一件事时,条件未必具备,而且很多心目中所谓的条件,未必就能真正使得目标达成。例如,有人说等自己有钱了,再来好好孝敬父母;还有人认为等自己有钱了,再来献爱心。这两种设定了一个条件，那就是有钱。第一种情况，"子欲养而亲不待"，要体现自己的孝心，无论是否有钱，用心去做就可以了，父母能够感受到子女的心意，感受到快乐，何尝不是一件好事呢？为何还要等待渺茫的以后呢？能否献爱心，不取决于是否有钱，这不是关键因素，即使一个人身无分文，也能以一个灿烂的微笑、一个善意的举动带给身边的人温暖。我们敬佩那些不惜花费巨资的善举，也敬佩那些即使穷到连一分钱也拿不出来的也有一颗助人的心、也能温暖受助人的人。

"垂直攀登"考验的是一种能力，更是一种做事的态度。很多时候，第一时间出击不仅能极大地调动资源，而且能鼓舞士气。就像一个人在野外被蛇咬了，如果立刻救治，就能避免不幸的发生，但如果为了找到更好的救治方法而耽误了最佳救治时机就得不偿失。有一个青年到了结婚的年龄，他的父母很着急，很多人主动提亲，可他一直没有想好应该找一个什么样的女孩子，时间就这样一天天过去，他已经老大不小了。当初，总以为时间站在自己一边，任意挥霍，没有重视起来，而等时间流逝了，才后悔不已。

"垂直攀登"是对胜利的一种极度渴望。在野外探险中，"垂直攀登"不仅能够极大地缩短攀登的距离，而且能够看到别人难以看到的风景。对胜利的极度渴望会化作一种强大的动力，创造出不可思议的奇迹。现在想来，古人"囊萤映雪"和"凿壁借光"是多么强大的心理意志啊。在别人眼里，寒冷是前进的障碍，没有油灯也是不能读书的阻碍，可是，对渴望成功产生了巨大的推动作用，这何尝不是古代读书人的一种强大意志的"垂直攀登"。挑战自我极限，向着心中的目标发起冲锋，直至成功！

成长的秘密

成长是一个永恒的话题。看似平常的一天里,大自然的一棵树、一只动物从来没有停止成长,唯有如此,才能使世界生生不息。

一个自认为很优秀的人,是看不到自己的不足,也难以发现别人的优点,这种人很容易陷入一种可怕的停滞状态,难以在事业中取得突破。

正如圣人所言:"学然后知不足。"首先要去学,产生一种动力,这个动力的来源就是知道自己的不足。

很多人习惯于寻找自信,却难以对自己说声"不"。

但若是能改变自己的眼光,用欣赏的眼光来打量周围的一切,这样你会发现,原来自己吸收的能量可以源源不断地来自身边的每一个人、每一件事。

在很多人看来,新入职的员工懵懵懂懂。但如果以一种欣赏的眼光来看,你会发现新员工身上有一种难得的"初心"状态——"求知若渴,虚心若愚"。这种状态,不仅能够激发自身的潜力,让自己处于如海绵般吸收的状态,还能够快速有效地将所学运用到自己的工作中。

"见贤思齐,见不贤而内自省也。"古人已经揭示了如此伟大的成长奥秘。

很多人渴望成长、渴望成功，可是眼睛却长在了头顶，很难看到别人的长处，眼睛里都是自己的长处，这是难以成功的。

试想一下，一个人的发展如同一辆在高速上不断奔驰的汽车，汽车没油了，不加油的话，肯定无法继续行驶，而这个加油站就是一个人发展中所需的智慧和能力，其中也包括眼光、格局以及境界。正是一个人的自身价值不断提升，才能使一个人走得更远，走进更开阔的地方。

在职场上，一个人的学习能力是他价值观塑造的重要因素。一位年轻人负责公司的新品上市工作，在他之前这个岗位已经存在好些年了，也有一些不成文的规则，如新品上市时间、新品的推广重点等。他在开展工作的时候一直在思考其他行业是如何开展这项工作的，他发现，自己公司的产品上市存在着很多问题，例如，上市时间并不是最佳时间，仅仅是为了方便研发人员，并不是站在市场和消费者的角度来思考的。他立刻着手调整，马上迎来新品上市新的局面。

主动学习不仅是自己成长的开始，更能带动思考，发现新的市场机遇。

在商场上，主动学习不仅能够节约时间，更能降低因为摸索而带来的成本。有的人在企业经营中总是习惯"低头拉车，不懂抬头看路"，这样不如多些学习和思考。

一位生产牙膏的主管在使用别的产品中，获得启发，为什么不可以将牙膏开口设计大些，这样不仅能够增加使用量，也能方便使用者使用。而饮料生产者听到了牙膏的故事后，大获启发，把瓶口设计大,把瓶身设计小,不仅减少了浪费,还增加了消费次数,增加了销量,取得了意想不到的效果。

"自控力"的威力

很多人希望能够掌控他人或者改变他人，殊不知，自控力具有难以想象的威力。

自控力，就是对自己时间和效率的一种把握。同样是一天，每个人的工作成效却大相径庭，其中自控力起着巨大的作用。

曾经有人拿着糖果对着一群小孩说，如果不用等待，就可以直接拿到一个糖果；如果愿意等待的话，就可以得到更多的糖果。的确有很多小孩直接领取了糖果，而那些愿意等待的孩子，根据后续观察，发现他们成就非凡。这也启发了我们：愿意等待，就是一种自控力的体现。

对一个人来说，自控力就是能够灵活自如地管理时间，成为时间的主人。当下，很多人整天玩手机，打游戏，不知不觉，时间流逝了，过后却在慨叹时间飞逝，殊不知，利用好时间可以做很多事情。

在很多人眼里，早起是一件痛苦的事情，宁可早上多睡一会儿，甚至连早餐也懒得吃，长此以往，养成了懒散的习惯，每天无所事事，自然难以聚焦自己的注意力。

科比·布莱恩特是前美国男子职业篮球运动员，是 NBA 最好的得分手之一，突破、投篮、罚球、三分球均驾轻就熟，几乎没有进攻盲区，单场比赛得到81分有力地证明了这一点。除了疯狂得分外，他的组织能力也很出众，经常担任球队进攻的第一发起人。作为如此伟大的球员，曾经有记者问科比是如何成功的。科比反问记者："你见过凌晨四点的洛杉矶吗？"记者感到莫名其妙。科比说："满天星星、寥落的灯光，行人很少！"说到这儿科比笑了，"究竟怎么样我也不太清楚，但这没有关系，你说是吗？每天早上四点洛杉矶仍然在黑暗中，我就起床行走在黑暗的洛杉矶街道上了。一天过去了，洛杉矶的黑暗没有丝毫改变；两天过去了，黑暗依然没有半点改变；十多年过去了，洛杉矶街道凌晨四点的黑暗仍然没有改变，但我却变成了肌肉强健，有体能、有力量、有着很高投篮命中率的运动员。"可以看出，科比每天凌晨四点就开始锻炼，并形成了一种强大的习惯，可以想象他拥有多么强大的自控力。正是这种强大的自控力，造就了科比强大的身体力量和坚强的内心，并让这种自控力成为他力量的源泉。

有很多人走在减肥的路上，也因此造就了减肥行业的如火如荼。很多人在苦苦探寻减肥的秘诀，有的人喜欢"辟谷"，运用古老的道家文化，来实现自己的减肥大业；有的人则是迷恋"轻断食"；有的人则是通过运动减肥。而林林总总的减肥方法，总的来说，最简单的道理是"管住嘴，迈开腿"。"管住嘴"，就是要控制强烈的食欲，要能够在各色美食面前经受住诱惑，能够在控制饮食的时候表现出一份淡定。舞蹈家杨丽萍身高1.65米，体重只有90斤，每天的食谱是：上午9时喝一杯盐水，9时至12

时喝三杯普洱茶，中午 12 时吃一小盒牛肉、一杯鸡汤和几个小苹果，傍晚吃两个小苹果和一片牛肉。曾经一电视台主持人惊讶地问她："饿不饿？"她平静地回答："热量已经够了。你看我还不是照样跳舞，从没有倒在台上。"在演出之前，杨丽萍肯定不吃东西、不喝水。"因为人只要一吃饭一喝水，不管多瘦，胃就会鼓出来，不好看。"正因为她有强大的自控力，才能够在演艺界成就一番事业，闯出一片天地。"迈开腿"，就是要行动起来，跑出户外，勇敢地战胜自己的懒惰，持之以恒的坚持。如此，就会收获健康，收获习惯，更会收获一种无与伦比的强大力量。

主动进化

在自然界中,进化的法则如同铁律一般,每时每刻都在发生着。进化决定着生物的生存方向,也会对其他物种带来影响,甚至在悄无声息间影响着地球。那么,是随着地球的变化而变化呢,还是主动选择改变呢?这具有非同寻常的意义。

试想一下,恐龙在那次大毁灭前是否为了进化做过一番努力,也许是残酷而无法改变的环境,让恐龙在难以抗拒的变化面前成为了历史。那么,这也带给了我们深度的思考,是顺其自然的进化,还是在环境没有恶化到难以接受前主动进化,从而占据主动权?

主动是一种态度,态度是一种方向。

有一年轻人由于家穷,初中毕业就做起了骑摩托车拉客的生意,就是从偏远的村子将人拉到镇上。工作虽然辛苦,但是生意还不错。由于这个生意门槛低,很快村子里的年轻人都干起了这个生意。他开始思考如何能做得更好。有一次他跑生意的时候,有一个学生无意中说了一句:"大哥,你这个车骑得好,就是太冷了。"有没有更好地改变呢?如果继续这样下去,一定能够挣钱,但是站在乘客的角度上一想,这种做法肯定不长久。于是,他在一次与客人聊天中得知，其他地方流行三轮车拉客。已经小有积蓄的他向亲戚借了点钱买了辆三轮车，由于他的三轮车一次拉得客人多，且能遮风避雨，生意自然很好。其他人想学，但又一下子拿不出这么多钱，也难以那么快跟上节奏，他在几年时间里赚了不少钱。有一天，镇上有人找他谈合作，想开辟一条公交线路让他承包，家人都劝他不要去干，毕竟哪有和自己的生意竞争的道理。但是他不这么想，以后肯定是规范化的运输线路，现在承包正是绝佳时机，即使和现在自己的生意竞争又有何妨呢？他再次拿出钱来，买来大巴车跑起了客运，还雇了司机，从一辆车增加到了三辆车，最后，连县上的运输线路也承包了，开办了运输公司。这位青年虽地处偏远的西北，从小本生意起家，但凭着胆略和眼光，始终在领跑市场，在不断寻找、优化、升华，直至达到了绝对的领先，确立了竞争优势。这就是不断地"主动进化"的结果。

试想，如果让一位唐代的勇士穿越而来，即使他拥有"百步穿杨"的绝技，但在现代信息化战场上，恐怕连敌人都找不到，更不要说瞄准了。随着科技和时代的进步，现代科技革命的进化已经属于不同的时代，那么对于军事来说，主动进化就是要寻找新的制高点，不断创新，勇于创新，甚至"颠覆式"创新。

主动进化要有极致的精神，要敢于对自己狠一点，因为进化到最后，改变的是自己，虽然会有不适应，但是在朝向一个新的明天前行。

蚌病成珠

每次看到珍珠夺目的光彩，总是惊叹于蚌壳的神奇与魅力。

每次看到"蚌湖""蚌埠"这些美丽的名字，自然让人想到了珍珠。

"蚌病成珠"说的是珍珠的形成过程。当沙子进入蚌壳，蚌因为不适应，感到难受，所以就不断分泌出一种黏液去包裹沙子，最后就形成了珍珠。

珍珠的形成过程，一直伴随着蚌的难受与痛苦，也就是所谓的"病"，也正是这种"病"，让蚌成为了美丽的"化身"。

蚌，用如此凄美的故事告诉了我们一个深刻的道理！

有一位朋友从他父亲手里接过了一家生意很好的火锅店，就觉得父亲的经营思路已经过时了，认为夏天谁会吃火锅，不如等冬天来了再好好经营。上百名员工可以上班，也可以请假，一下子人心涣散。他也一下子轻松了，没有那么多烦心事。可是等真正天冷了，他才发现来吃火锅的人寥寥无几，原来大家都已经习惯了不吃火锅。他如梦方醒，原来，轻轻松松并没有带来好运。他决定改变，什么事情难就去尝试什么，而且是马上、立刻就去做，不再像以前一样，总是在等待中度过。就像王永庆所说的

"卖冰激凌要从冬季开始",他开展了"夏季攻势""夏天吃火锅大赛"和"手把手教你做火锅"等活动,结果生意越来越好,很多老员工也重新回来了。他待在舒适区,不仅没有带来生意兴旺,还面临歇业的危险。他最后主动去拥抱"痛苦",如同蚌一样,反而迎来了生意的"第二春天"。

一个人整天忙于应酬,总是想等有空了再锻炼身体,每天都做着让自己舒服的事情,这样日积月累,总有一天身体会无法承受,会亮起"红灯"。坚持锻炼身体,做好每一天的时间管理,坚持步行,让自己的脂肪"流泪",不让身体留在最安逸的状态中。正是这样的坚持,才收获了健康的身体和强大的内心。当你还没有找到自己努力的目标的时候,不妨先养成自律的习惯,这样,即使你在困境中,也是在积蓄力量,壮大自己。当环境改变、情况好转的时候,你就可以"一飞冲天"。

"蚌病成珠"给我们的启示是,即使苦难强大到暂时难以改变,也不要改变初衷,要有成为"珍珠"的梦想,在这个过程中,把苦难当作走向成功的垫脚石,成为自己的"加油站",成为人生的"练功房"。这样,苦难的意义就不仅仅是苦,而是一种力量、一种财富。

"5分钟"的成就

很多人并不缺乏目标,而是目标过于远大,难以实现。

一个体重200斤的人,突然觉得身体各种不适,于是为自己定下一个月减肥50斤的目标。可形成多年的生活习惯,怎么说改就改呢?没过几天,他就被"打回原形",陷入了苦闷。其实,除了意志力较差外,关键的一点是,定的目标不切合实际,决心和目标不匹配。

对于一个经常不运动的人来说,是否可以一开始就把跑全马拉松作为自己的一个目标呢?对于一个尚在初创的企业,是否要将世界500强作为年度目标或者5年目标呢?为何很多家长,孩子本来已经很优秀了,却总是在长吁短叹?

很多人都知道时间的珍贵,但等时间浪费了,又感慨时间匆匆而过。关于时间管理有一个经典的案例。近代诗人、小说家和钢琴家爱尔斯金曾讲过钢琴教师卡尔·华尔德对她的启示。一天,卡尔·华尔德在给爱尔斯金上课,问她:"你每天花多长时间来练琴?"爱尔斯金回答:"每天练三四个小时。"卡尔·华尔德马上问她:"你每次练习的间隔时间都很长吗?"爱尔斯金回答:"我想以这样的强度去练才好。"谁知卡尔·华尔德却说:"不,不要这样!"他接着说:"你长大后,每天不会有如此多的空闲时间,你可以养成一有空闲就几分钟几分钟练习的习惯。比如在你上学前,或在饭后,或在工作的休息时间,5分钟、5分钟地去练习,把小的时间练习分散在一天里,如此,弹钢琴就成了你日常生活中的一部分了。"时光匆匆,不经意间很多年过去了。当爱尔斯金在哥伦比亚教书的时候,她一直想从事兼职创作,可是每天忙于上课、看卷子、开会等,时间都被占满了,就这样大约蹉跎了两个年头,一直未曾动笔,因为一直找不到时间。有一天,她忽然想起卡尔·华尔德给自己说的那句话,如同醍醐灌顶。此后一个星期,只要有5分钟左右的时间,她就坐下来写一百字或短短的几行。后来,她用积少成多的方法创作了长篇小说。她惊奇地发现,每日习以为常的空闲时间足够用来创作和弹钢琴。

合理利用如此短的时间有一个诀窍:即你要把工作进行得迅速,如果只有五分钟的写作时间,你切不可把四分钟都消磨在咬你的铅笔尾巴上。也就是思想上要有所准备,到工作时间来临时才能集中心神。歌德曾说:"善于利用时间的人,永远找得到充裕的时间。"时间由分秒组成,5分钟虽然短暂,但如果能把生活中无数短暂的5分钟焊接起来,那便是一条长长的"金项链"了。

在我们的工作和生活中,每天、每周、每月、每年有多少个5分钟。很多人在不知不觉间闲聊、打牌、玩手机等,时间就这样悄无声息地从指缝间滑走了。日复一日,年复一年,无所作为,而真正珍惜时间、懂得管理时间的高手却在5分钟,乃至分秒必争中实现了事业和人生的成功。

向卡尔·华尔德先生致敬,他不仅教授的是钢琴,还教授的是如何管理时间,更是教授的是对待人生的态度。把每一个5分钟利用好,就是找到了人生的金矿,就能找到成功之路。

要跑马拉松就先迈开腿,先跑5公里;要做世界500强就先定个5年计划,成为当地最好的企业;要让孩子成为最优秀的人,应教他利用好5分钟,成为时间的主人。

用心的价值

很多人都在感慨生意难做，工作难干，事实真的是这样吗？

一大早，我就听到了罗振宇分享"用心"的价值。罗振宇经常坐网约车，有一位司机给他的印象非常深刻。这位司机的家离他家很近，就让罗振宇把他的号码存上，方便以后约车，同时还说他懂英语，如果有外宾接待，他也能做得很好。这位司机开车平稳，服务到位。大家都说网约车生意不好做，可这位司机身上的可贵之处，怎么会没有生意呢？！用心，不仅为他赢得了当下的生意，也为他提供了掌控未来的价值。

从罗振宇分享的故事中，我又想到了青年小杨。小杨和同村的几个青年一起外出打工，到了一个大城市，人生地不熟，又没带多少钱，只能去工地上搬砖，靠苦力挣钱。有一天，小杨在公园里看到一个年轻人，就主动过去和人家聊天，一聊才知道，原来人家是个司机，也没有多少文化，但却因为会开车，也算是有了一技之长，收入稳定，工作轻松。这让迷茫的小杨仿佛看到了光明，便立刻行动起来，不仅干活卖力，还把剩余的工资攒下来，利用休息间隙考驾照，很快也就会开车了。机缘巧合，他又一次碰到那个司机，司机说要去南方打工，不想开车了，老板让他找个人代替。他看到小杨诚实可靠,而且说到做到,非常用心,虽然车技不怎么样,但还是推荐给了老板。老板给了小杨机会,而小杨作为司机,不仅开车认真,而且不怕苦不怕累,得到了老板和同事的一致认可。慢慢地,小杨也萌生了一个念头,自己也要做老板。

　　他开始为了自己的目标而努力。他特别留意老板处理事情的方式方法,也在想如果自己是老板应该怎么做,而自己的老板是怎么做的,为什么这么做,结果如何。正是通过反复的研究,不断的学习,机会终于来了。公司的一个店面装修后没有人愿意去,因为那个地方偏僻。小杨主动请缨,起初老板还比较犹豫,但考虑到小杨日常做事非常用心就同意了。小杨去了之后,带着一股憨劲和认真劲,生意慢慢好起来了,也积累了一批老客户,产品慢慢占领了市场。小杨从一名工地的零时工,通过用心做好每一件事,成长为一家分公司的负责人。

　　用心做人、做事,具有不可思议的力量,不仅能改变不利的环境,还能将一个人上升到连自己都不敢想象的新境界。

"大气"的价值

很多人对"大气"的理解是做人方面不要太斤斤计较,如此不仅能收获良好的人脉,还能在工作上如鱼得水、游刃有余。

大气做人是中国古代英雄的一个重要特征,容易赢得别人的好感,容易得到大家的拥护。大气做人是梁山好汉宋江的标签。宋江武艺不如林冲,才智不如吴用,水性不如阮氏兄弟,却能坐上头把交椅,凭的就是江湖上的口碑——大气。

做人大气,能够成就英雄;做企业大气,则能带来商机和人脉。1997年初夏,正值东南亚金融危机,一位在印尼生产浮法玻璃的老板找到曹德旺,希望曹德旺帮忙买一些他们生产的浮法玻璃。当时,曹德旺的工厂需求量并不大,他也深知印尼企业遭受了严重的危机,讲明了自己工厂的情况后,他还是爽快地答应了。听到曹德旺满口答应,这位老板感动不已。曹德旺的决定令公司的其他人难以理解,因为他们有长期合作的浮法玻璃供应商。但在曹德旺看来,要让自己的企业健康发展,不仅需要有强劲的销售势头,还需要有强大的供应商团队。1998年底,亚洲经济回暖,浮法玻璃供不应求,但让他百思不解的是,印尼的这家浮法玻璃工厂始终没有涨价,而且发货及时,好像根本不知道这个行业猛涨的价格。就这样整整过了一年，浮法玻璃已经涨到先前价格的一倍时，这家印尼工厂才提出了涨价。曹德旺马上回复，早就该涨价了，非常感谢对方的支持。这就是曹德旺的大气所带来的意想不到的回报。

在商场，大气就是一种合作的心态，就是在兼顾利益的基础上长期合作的态度。李嘉诚讲追求无我，王石讲取名不取利，柳传志讲拐大弯，等等，这些都是他们的成功之道。在很多人眼睛盯上钱的时候，而他们却刻意与钱保持了一份距离，也就是在合作中尽量让对方感到舒服。

有一台湾商人的企业破产后，老板流落街头。有一天，他经过一个报刊亭，无意间看到了一篇关于李嘉诚教导儿子李泽楷如何做生意的报道。在这篇文章中，李嘉诚告诉儿子的不是经商秘诀，而是做人的道理。在"首富"眼里，做人远比做生意更为重要。李嘉诚说，在与他人的合作中，如果有八分利，自己拿到六分就可以了，就是"只取六分利"。这位台湾商人看到此篇报道，犹如醍醐灌顶，向人借了一万元后重回商海搏杀，很快开创出新的局面。

李嘉诚讲述的成功之道，深刻阐述了大气的价值。

大气，让自己在激烈的商海竞争中脱颖而出，成为合作的金钥匙，实现真正的双赢。

大气，是一种胸怀，是一种价值，更是一条神奇的经营之道。

离开"舒适区"

"舒适"这个词本身就有着让人着迷的魅力,让人感受到愉悦和快乐,但也很矛盾。正如糖果一样,咀嚼起来让人心旷神怡,但常吃容易导致龋齿、胃酸,甚至得糖尿病。这也告诉我们,如果要发挥时间的价值,必须要离开"舒适区",这样才能成就一番事业。

很多人在不知不觉间患上了多种疾病,而这些疾病却来自于平常自己喜欢图舒服。很多人没有买车之前,很近的路要么步行,要么骑自行车,无形之中让身体一直处于运动状态,而一旦买车之后,车几乎成了身体的一部分,不愿意步行,以为是省事和省时,殊不知极度缺乏锻炼的身体,高血脂、高血糖、高血压等疾病几乎是不请自来,这就是所谓的"舒适"带来的。

曾经的我没有减肥的概念,也没有想过要控制体重,在饭桌上看到自己喜欢吃的,为图一时口腹之欲,经常吃到撑,还自我安慰从不浪费,就这样身体如同气球一样吹起来的时候,才发觉自己已经胖得一发不可收拾。这就是图吃得痛快带来的结果。

一个人的舒适区不仅会对身体、视野和思维产生影响,也会因身体舒适太久而变得懒于运动、懒于思考,这样,思维和视野无形当中就固化下来,而失去了成长。

我经常思考,是什么原因一次次推动了零售业态的进化,甚至出现了"新零售",特别是每一个行业的颠覆式变化,这一切都源于每个行业中总有人率先离开了"舒适区"。

最初的商店是供应商提供什么,则摆放什么,顾客在购买过程中基本没有决策权,就是一种简单的买卖关系,也就很难激发起消费热情。而超市经营者相比商店老板就要花费巨大的时间和精力,要进行卖场的选址、人流量的调研、商圈的定位、购买力的分析、购买人群的研究、销售商品的选择等。超市经营者的思考方式要远比一个传统商店经营者的复杂,如果超市经营者也像商店老板一样懒得思考,那么,可以想象这家超市的生意该是多么惨淡。如果一个超市经营者能够多一些思考,推出各种增值服务,组织开展形式多样的优惠活动,那么无疑会在激烈的竞争中获胜。

很多人喜欢重复同样的生活,喜欢同样口味的饭菜,即使到了一个新的地方,还是寻找自己喜欢的口味,这样的话很难感受到其他地方的特色风味,自然在生活中少了很多的乐趣。有的人也喜欢去同一个地方旅游,轻车熟路,能够减少很多旅游中的麻烦,可是看到的风景都是大同小异,缺乏惊喜,贪图舒服,少了冒险,自然感受不到震撼内心的东西。

离开"舒适区",就是要开启一段不一样的旅程,抓住意想不到的机会,看到意想不到的风景,创造意想不到的成功。

那么,如何才能离开"舒适区"呢?就要尝试一些不同的东西,以前一觉睡到天亮,从现在开始,太阳还未升起的时候,穿上跑鞋，来一段挥洒汗水的早晨。再做一个旅游计划，考虑新的去处，寻找一段新的旅程。在一个陌生的地方，可以想象当地风土孕育了怎样的文化，造就了怎样的人文特色。如此，人生才处处精彩、处处美丽。

"扎根"哲学

"在等待的日子里,刻苦读书,谦卑做人,养得深根,日后才能枝叶茂盛。"虽然这句话如浅水一湾,但却能让人感受到其中蕴含的力量。

有一个方便面的广告,主打卖点是该面选用北方优质冬小麦。但为何以北方的冬小麦作为方便面食材的主要卖点呢?因为小麦是我们北方的主粮。

从小我们就和小麦打交道,也知道小麦的一些生长特性。宝鸡岐山地区每年国庆节时播种小麦,来年六月份收获。其间,小麦要经历少雨水且严寒的冬季。为了获得水分,小麦拼命地往土壤深处扎根,当春天大风天气来临,小麦才不会像其他作物那样被吹得东倒西歪,甚至连根拔起。这就是北方的冬小麦带给我的启示。也许对冬小麦来说最不好的时节,但却正是扎根的时候。在别人眼里的厄运和不平,在成功者眼里却是成长的阶梯和积攒能量的契机。所以,北方的冬小麦质地坚硬,口感劲道,在面食王国里别具一格。

我也曾看到一个关于竹子的故事。竹子用了四年的时间,仅仅长了3厘米,但从第五年开始,每天以30厘米的速度疯狂生长，仅仅六周时间就长到 15 米。其实前面的四年，竹子将根向地下延伸了数米。

竹子的故事带给我们的启示是，很多人都想成功，却只停留在想的阶段而没有实际行动；有的人行动了，但也只有三分钟的热度，也就无所谓成功。只有那些静下心来扎根，善于等待，将根深深扎进土壤，能从地底更深处吸收水分和养分的人或事物才能创造奇迹，能以傲立的身姿独树一帜。

书法界流传着"王献之与十八缸水"的故事。王献之很想学成父亲那样的书法，于是整天写啊写，写得腰酸胳膊痛。他觉得父亲的字写得那么好，一定有什么秘诀，于是他就去请教父亲。王羲之叫他第二天早上来找他。次日一大早，王羲之将儿子带到院子里，指着院子里的十八缸水说，写字的秘诀全在这十八缸水里，写完这十八缸水，秘诀就找到了。王献之的热情又高涨起来了，面对一口大缸，蘸水磨墨，挥笔临帖，开始了学习书法的"长征"，等到一缸水写完，果然书法大有长进，他也有点飘飘然。他把自己写的一个"太"字拿去给母亲看，母亲端详了一会儿，指着太字下面的一点说："只有这一点像羲之。"王献之大吃一惊，原来，这一点正是父亲指导自己的时候，点上去的。他深深地感到，学习书法的路真的很长，于是开始了"扎根"。王羲之也给他讲了学习书法的关键，没有秘诀，关键在于勤学苦练，他每天端坐在那里，一坐就几个小时。正是如此地坚持与努力，终于"墨染十八缸水"，成了有名的大书法家。

"扎根"，是煎熬，是难受，但也是积蓄能量的过程。

主动想象力

很多时候我们通过一件东西可以产生许多联想。如通过梨子想到了梨树飘香的果园，想到了梨汁，甚至想到了孔融让梨的故事。这些都可以说是想象力，何谓想象力呢？

作为一个梨子的销售者来说，光是单独从梨子本身展开联想是远远不够的，最重要的是要以顾客的眼光看到梨子会是什么场景、什么体验。那么，你不再是销售梨子的人。

主动想象力有什么好处呢？它不仅提升了产品附加值，还让消费过程也成为产品的一部分，赢得了超越对手的核心竞争力。主动想象力构建了研究产品的新维度，就是我们看待产品，将顾客的体验和感受在大脑里进行构建。在构建过程中，才能发现新的机会点。这样，整个构建过程就是一次新的流程再造。

有一种食品叫"枣加核桃"，为什么很多年前没有出现这种食品呢？至少没有被我们发现呢？按照一般人的思维，做介绍时就说：这种枣有多好，有多甜。而其他地方卖枣的人也会介绍当地产品的优势，无形之中，竞争非常激烈。可以想象，发明这种食品的人，绝对是拥有"主动想象力"的人，因为对核桃产品来说，增加了枣；对于买枣的人来说，增加了核桃。更为重要的是，枣和核桃都是有益于人体的坚果类食品,营养丰富,一起吃,营养更均衡。这种"枣加核桃"不仅是一种新的食品,也是主动想象力的一次很好的运用。

　　主动想象力具有神奇的魅力,能够破解很多棘手的难题。有一家地铁站的电梯无法满足每天的客流需求,旁边有楼梯,却没有人走。车站派了一个人专门引导行人走楼梯,效果甚微。站里又有人建议立上广告牌,写上走楼梯,能够消耗多少大卡,结果效果更不如以前。因为来车站的人,本不是为了锻炼身体而来的,这个引导不是很合适。车站实在没有办法,就请来专家解决这个问题。专家来到现场,看到楼梯修得很宽,旁边就是一个电梯,因是小站,只安装了一部电梯,一进来都要上二楼,很多人都挤在电梯里,满满当当,这个效率真是难以提高。于是,他试着以主动想象力来思考,如何让乘客在慌乱紧张中,获得一种享受、一种快乐?他想象着一位乘客进站后,听到一阵曼妙的音乐声,而这个音乐声,竟然来自走楼梯的乘客脚下,而这个楼梯每层台阶居然是钢琴的琴键。专家将自己的想法告诉了站长。车站马上行动,在每个台阶安装上传感器,把每个台阶刷成钢琴键颜色,同时,在钢琴楼梯前面摆放了一个提示牌,提示的内容不是鼓励走钢琴楼梯,而是限制人走。结果安装好后,与以前刚好相反,楼梯上挤满了人,电梯却鲜有人乘,车站效率一下子提升了起来,也降低了费用,更是提升了乘客出行的舒适度。

如何应变

这个时代,瞬息万变。一种新的商业现象的产生如同海啸,带来的可能是冲天巨浪,一发而不可收。

城市道路的两侧随处可见共享单车,它方便了人们的出行,真正解决了出行的"最后一公里"。其很好地利用了智能手机,使用简单方便,一经推出就引发了一阵流行。不是街头以前没有这种单车出租,而是那些单车出租是在固定的位置,想要办理的话非常不便,需要证件,押金也高,特别是租车费用高。一些旅游景点和公园,单车价格很不透明,决定权根本不在于单车本身的使用价值,而在于这个区域单车租车点的多少。有的公园虽然免费,但是因为太大了,只有骑行才能满足游玩需要,这就让单车租赁生意异常火爆,出现了漫天要价的情况,让很多游客敬而远之。以前的单车归还非常不便,得找到固定的单车归还点,这样,骑行的意义就大打折扣。原有的租赁模式,制定的规则,完全是方便了租方,却没有考虑骑行人的方便与舒适。人们骑行单车,既能方便外出办事,也能强身健体;在上下班高峰期骑行单车,还能节约时间,把不可控的时间变得可控起来,真正变成了"智慧城市"。

先不考究共享单车的盈利模式，它带来的是方便人们出行，让生活更加环保，工作更加高效。试想，很多人如果采用共享单车的话，减少开车次数，自然为环保做了贡献。特别是准备买单车的人，就要考虑一下了，价格高的单车放在家里占用地方，廉价单车和外边的共享单车区别不大，如果仅仅是因为偶尔使用，那又何必去买呢？再试想一下，假如你开着一家单车店，面对如此的市场变化，该如何应变呢？是怨天尤人呢，还是开始改变，将主营品种升级为豪华单车或者改行？这种市场变化，是从强大的市场需求中撕裂出的机会。假如你经营着一家单车租赁点，一夜醒来，发现门口停满了共享单车，一小时一元，会不会直接晕倒，因为你的价格是一小时20元或者15元。很多人不再因为几公里的路程乘车或者开车，而是直接骑上单车出发，既节约时间又锻炼身体。

共享单车带来的变化是如此巨大而明显，也带给了我们深度的思考，这正是"蝴蝶效应"的经典演绎。虽是些微小的变化，但带来了一场巨大的革命。市场巨大的能量就会巨大地释放出来，所到之处，也许就是巨大的机遇。对有些人来说，这无疑不是好消息。

在市场运作中，很多人更多地关注战略，以宏观思维思考。但极微观的变化、微观的市场机会一旦满足，释放的能量却是不可思议的，这就是很多人满世界找商机，而商机就在简单的"吃穿住用行"中。让人不得不思考，我们习以为常的生活中，蕴藏着太多尚未开发的资源。

这方面案例还有很多，而且在不断增加。一个网站将周边好吃的饭馆集合在一起,你可以随便点菜,足不出户,无论刮风下雨,无论你在开会还是加班,无论白天还是晚上。如果你经常订餐的话,还有优惠。这些变化,都在身边,不知不觉间发生着。如果餐厅的老板对这些变化置若罔闻的话,变化的结果一定会带来很大的负面影响。要么积极主动加入到变化中来,成为那只扇动翅膀的蝴蝶,等待着的将是无限美好的商机。

横向思维

在我们的日常工作中,最不缺的就是条缕细分的纵向思考,而最为可贵的是横向思考,其直接导向创新。

田忌赛马,如果按照一般的逻辑思维,就会是上等马对上等马,中等马对中等马,下等马对下等马。如果是这样的话,胜算几率不大,是硬碰硬的思维。田忌却没有这样做。在他眼里,获胜是目标,而不是比赛的逻辑顺序。因此,我们在做一件事时,先设定抵达终点的目标,然后返回,就可以发现从未走过的新路。

牛仔裤的发明是横向思维的绝佳案例。

年仅十七岁的德籍犹太人李维·施特劳斯读完大学后,谋到了一份文员的工作。1850年,一条惊人的消息传来,在美国西北发现了大片金矿,人们像潮水一样涌向那个人迹罕至的地方。1853年,李维随着当时的淘金热潮也前往旧金山,寻找发展机会。出发前他开始思考,去那里如何赚取第一笔钱。他想方设法筹了一笔钱,买了几大捆帆布,带到了旧金山,打算卖给淘金的矿工,供他们制作帐篷或马车篷之用。

谁也没有想到,这几捆帆布竟然带来了一场革命,影响了我们每个人的生活。

当李维来到了旧金山，才发现实际情况和自己想象的完全不同。这里的人早就住进了帐篷，并没有这方面的需求，但他没有气馁。过了几天，他发现他所在地方的矿工离市中心很远，买东西很不方便，于是决定开一家日用品小店，先让自己有立足之地。

有一天，他听到一个矿工抱怨说："裤子太不耐磨了，如果有耐磨点的裤子，那就好了！"他灵机一动，突然想到自己那堆帆布，立刻拿了一块帆布，动手做了一条帆布裤。于是，世界上第一条牛仔裤诞生了。

李维对矿工穿的牛仔裤不断进行改良。当时到美国拓荒的人，在劳作时都爱穿这种裤子。到了20世纪五六十年代，美国社会掀起一股"牛仔"热潮，不论是普通大众还是时尚人士，都把牛仔裤当作时尚服装。这股潮流震撼了世界服装界，牛仔装风靡全球，成为服装界的宠儿。当时好莱坞明星马龙·白兰度、梦露、猫王都喜欢穿牛仔裤，这也成为年轻人追求的目标。

李维因为运用横向思维，不仅创造了新的服装种类——牛仔装，还让自己收获满满。横向思维有一个重要特征——逃离逻辑，就是从原先思考的事物中脱离出来，不再纠缠于传统。

横向思维能够帮助人们在商场中找到别人难以发现的商机。1974年，美国政府为了清理自由女神像因翻修剩余的废料，向社会招标，好长时间都没有人应标，因为在纽约处理垃圾有着严格的规定，搞不好会受到环保组织的严厉处罚。而让大家意外的是，有一位犹太人二话不说就签字了。大家难以理解，正准备看笑话，而他却将这些垃圾分类，将废铜熔化铸成自由女神像，将水泥块和木头加工成底座,将废铅、废铝做成纽约广场的钥匙;甚至还将自由女神像扫下的灰包起来卖给了花店,不到三个月时间,他让这堆废料变成了350万美元现金。

  横向思维像河流一样,流经不同地方,有着无限的风光,孕育着无限的精彩!

故事的魅力

古代大臣与皇帝的沟通与交流非常有意思，也很有艺术，还有点浪漫，为什么呢？因为大臣在谈到一件比较复杂的事情，或者比较难以直言的事情时，多会从前朝或者过去的某件事讲起，阐明得到了什么样的启发，或者得出了一个什么结论。我们总是能从引人入胜的故事中探寻出非同寻常的道理。

故事的魅力是能把复杂的问题用简单明了的语句讲述出来。

小时候，母亲给我讲了一个故事。过去有一个懒婆娘，白天游游转转，无所事事，到了晚上却点灯熬油，拼命纺线。母亲讲了这个故事后，我马上明白了：如果要努力，就抓住白天的时间，不要等到晚上才知道时间来不及了，不仅浪费资源，还对身体不好。这个故事言简而意丰，这正是故事的魅力之处。

很多人苦恼于和别人聊天的时候没有话题，特别是和初次见面的人。如果以故事来介绍自己或者家乡，或者自己的公司，这样就会有不同凡响的效果。

有的人介绍自己的家乡，会从家乡的名字引出一个动人的故事。从故事中，也能看出一个人的秉性和爱好。就像我的老家岐山，因"凤鸣岐山"而有名。相传周朝兴盛前，歧山有凤凰栖息鸣叫，人们认为凤凰是由于文王的德政才来的，是周兴盛的吉兆。如果与一个研究文化的人聊天，可以聊一聊"周礼"，因为周公制礼，让岐山在文化界享有盛誉，成为"周礼故乡"；如果和一位喜好饮酒的人聊天，自然会说起西凤酒，聊到凤香经典的故事；等等。由一个故事引申到另一个故事，让人浮想联翩，让人向往，同时产生共鸣，这何尝不是沟通的最高境界呢？

故事对于一个产品来说，如同空气对于人一样重要。

一个品牌讲好一个故事，就是向大家传递一种价值观、一种生活方式。有太多的品牌故事，都在诉说着品牌的魅力与价值。

正在布局

有时一夜间，街头满是某个品牌的广告，或者发现街上到处都有某个品牌的产品，这就是品牌的布局力。

布局力，体现一个品牌在当地市场的掌控力和绝对的实力。而最为强大的是持续的布局力。布局，就是对市场的强势占有。

有一家做鞋子的企业，面对激烈的市场竞争，在做好自己门店的同时，不断发展加盟商，开展服务培训和各种促销活动。为了抢夺市场，这家企业还专门成立了"高端定制"部，专门与各企业联系定制鞋子。不仅如此，这家企业还与服装品牌联合，为高端服饰品牌的新品定制鞋子，有的甚至是直接到服装店去销售。这样，通过持续的布局，不仅扩大了销售，而且形成了强大的市场竞争力。这就是一个名不见经传的企业的布局力。

有一家开在南方的面馆，老板执拗地经营北方面食，一开始生意火爆，虽然口味不是非常地道，但是对前来用餐的北方人来说，这是别无选择的选择。老板发现很多人就餐习惯于就近，于是老板开始做面馆的市场布局，在各个小区、写字楼及繁华商业街区等开设分店，规范管理，提高菜品质量，加强员工培训。老板还发现了一个小秘诀，招聘的老家员工不仅能够让菜品更加正宗，还容易与客户产生亲近感，顾客对服务也不像以前那么挑剔，无形中还多了一份理解和包容。在做好生意的同时，他利用各种方式来联络老乡之间的感情，如举办征文比赛，设置丰厚的奖金和奖品，吸引了大量的粉丝，还建立了一个作者群，经常在群里发一些优惠信息，又吸引了作者的朋友或者家人入群。正如《引爆点》作者所讲的那样，关键人法则发挥出了不可思议的作用，带动了饮食流行趋势，一有新的菜品，先发一些券让这些文艺大咖先品，这些大咖在微信朋友圈发表一些感慨，又吸引了一批人光顾，从而形成了强势的引流作用。

这种布局非常智慧，除了店面在市场上的布局，还布局固化回头客，通过征文比赛等活动圈粉，将具有一定话语权的顾客粉丝强势收拢，精准出击，精准传播，达到了四两拨千斤的效果，在不动声色中实现了销售额的倍增。

正在布局，就是企业的发展能力，伸向未来的触角，也是赢得市场竞争的核心能力。

圈定能力

上帝很公平,为每个来到这个世界上的人都准备了礼物,那就是人的特长和能力。有的人,将这一天赋发挥到了极致,成就了一番伟业;而有的人却身在宝山,空手而归,这就很让人遗憾了。那么,如何使用这份礼物,并实现自己的抱负呢?我认为关键是圈定自己的能力。

有一次,我为了赶飞机,于凌晨3点起床,路上和专车司机聊了起来,他姓尹,四川人,人很热情,曾在西藏当过汽车兵,说当兵很苦,却也因为当兵的经历,铸就了他不怕苦的精神。他后来做过几份工作,每一份都做得很好。他喜欢开车,技术也精湛,于是就做起了专车司机。由于他做事认真,好评不断,整天有接不完的活。他也经常分析自己和其他专车司机的优缺点,发现凌晨送客户去机场是专车行业的蓝海。因为很多司机白天跑车,无形之中白天司机们竞争就异常激烈,接单比较困难。那么,如何发挥自己的优势呢?他认真地圈定自己的能力,首先是能吃苦,服务态度好,其次是驾驶技术好,对路线熟悉。于是他开始尝试去跑凌晨的机场线,效果出奇的好。这就是圈定能力的好处。一个人不可能什么都会,但关键是能够静下心来研究自己的优势，圈定自己的能力。

圈定了自己的能力，就能通过持续强化优势而打造出自己的核心竞争力。

其实很多人都非常清楚自己的能力，特别是有什么样的优势和劣势，而他们一直在做的一件事就是"补自己的短板"，提升自己的不足。的确，全面提升对一个人很重要，能够应付很多的事情，但不能忽略的一点是：在改变劣势的同时还要持续强化自己的优势。这样才能让自己或企业更加强大。

那么，如何圈定自己的能力呢？

其实，我们身边有很多的案例供我们参考，或帮助我们找到答案。

一项制度如果没有区域试行就全面推进，将会带来系统性风险，而且损失是不可逆的。因此，需要通过试点来进行验证。深圳的成功经验告诉我们，在整体推进的同时，可以尝试孕育变化的种子，等待时机成熟，迎接一个崭新的未来。

当圈定自己的能力是一个持续动态的过程，如同一个人在成长中不断增强的能力和阅历，能力持续增强，能力圈也在不断强化、扩大。

当清楚地知道了自己的能力圈，那么在日常工作中，我们可以多一些尝试，多一些改变，在朝着总体目标努力的前提下，再强化自己的能力。能力不是凭空就有的，必须在实践中得来，通过实践圈定自己的能力圈，让自己变得更加强大。

自我证明

也许在开始的时候,我们还知道自己正在做一件怎么样的事情,但随着时间一长,不自觉间自己竟也成为事情的一部分,导致我们关注了局部,却失去了聚焦。

有一次,我凌晨4点多起床赶往机场,走出房间时习惯性地看了一眼身份证。路上车不多,很快到达机场,等到办理登机牌时,我掏出身份证给机场工作人员,人家说这张身份证根本就不是我。我说我减肥成功了,但也不至于减到别人都不认识的程度吧,结果拿过身份证一看自己也傻眼了,原来我和同事把身份证拿反了,他拿了我的,我拿了他的。于是工作人员问我:"带护照了吗?至少要能够自我证明。"听了工作人员的话,我突然间懵了。没有身份证,怎么证明我就是我呢?为了能够顺利登机,在机场工作人员的帮助下,我办理了临时身份证。但是这次的"自我证明"却引发了我深深的思考。

其实很多时候,我们都是在自我证明,无论是个人还是企业。

作为个人,在生活中我们都要找到那个大家公认的"证",这是自我证明的最有力武器。这也带给我启发,很多时候也许我们身上带了很多"证",但却不是最关键的那个。其实,只需要这一个，就能确保我们顺利达成目标。

对个人而言，我们在做事的时候，要抓住事情的关键，不能眉毛胡子一把抓，不能面面俱到，而要像"奥卡姆剃刀"揭示的哲理那样，关注"实体"而不是细枝末节。这样才能更加聚焦，更能直击事情要害，从而起到事半功倍的效果。

假如一个人去旅游，为了这次旅游更加有趣，他想约更多的朋友一起前往，而朋友还有新的想法，又介绍新的朋友加入进来，新来的朋友又因为时间不合适，想让大家改期前往。如此小的旅游计划，因为没有把握住关键的"证"而增加了太多的不确定性。如果把这次旅游当作一次必须成行的旅游来看的话，却因为增加了太多无关紧要的"证"，从而让一件简单的计划变得难以实现。那么这件事情如何做才是最佳呢？我想应该提前确定好时间和目的地，然后通知朋友，如果想一起去的话，那就与其同行。这样的话，事情就变得异常简单，自己的计划也就能够实现了。

很多的团队项目在执行中，由于各司其职，一个人在项目中通常很难找到自己的角色。项目开展之初，要找到每个人对于项目的关键指标。如此，无论项目如何开展，由于找到了关键的"证"，就使项目"过关"变得简单。

要实现自我证明，关键是需要能够有力证明自我的"证"。

一件事情虽然由很多方面组成，但是解决了关键核心，那么问题的解决就成功了一大半。

如果要制造一架飞机，除了发动机技术，其他技术都已具备，那么，发动机技术就是这个关键的"证"。

在企业经营中,为了赢得顾客信赖,这个"证"也显得尤为必要。在竞争激烈的市场中,绝大多数餐饮企业都想方设法降低成本,但有一家餐饮连锁企业却独辟蹊径,当着顾客的面,用品牌矿泉水做汤,自然吸引了很多人前来品尝,这也成为这个品牌的一大卖点。因为这家企业用矿泉水煲汤,顾客自然联想到这个品牌的产品用材考究、讲求营养。正是这种"自我证明"式的营销推广,让这个品牌脱颖而出,稳稳占据了当地市场。

"自我证明"是一个品牌价值的体现,更为重要的是,通过"证"的获取,获得品牌的独特性和唯一性,实现差异化的价值,直至实现事业的腾飞。

幸运的来源

很多人都想得到幸运女神的垂青,但是如何让自己更加幸运呢?是否有方法可循呢?

在一个周末的上午,我见到了一位小有名气的女企业家。她在当地开了30多家连锁店。在很多人眼里,她公司的产值和她个人的收入让人艳羡不已。朋友也曾跟我提起过她,觉得她很幸运。直到我俩见了面,才发觉她穿着朴素,为人大方。她说她大多数时间都在工作,也喜欢工作,觉得工作不仅能带给她开心,而且让她越干越有劲。

她给我讲起了十年前的一件事。那时候,她只有一家店,经常受人欺负,也没有员工,有好几次老公被人打了。更令人难以置信的是,有次她碰到了不法分子,脸都被打肿了,对方甚至将刀架到了她的脖子上,但她没有屈服,没有掉一滴眼泪。在那种极端危险的情况下,她没有放弃、没有动摇,心中只有一个梦想,那就是成功。正是这种坚持,让她取得了意想不到的成功。谁能想到一家叱咤珠三角的饮食连锁店,最初来自街头的手推车。创业初期,她每天推着手推车走街串巷,沿街叫卖,逐渐摸索出了顾客的口味。这种来自市场的一手信息是非常难得的。当年和她生意差不多的人有很多，甚至比她做得更大，经营得更好，可是，很多人因为遇到这样那样的困难而没有坚持下来，最终选择了放弃，而她不仅没有放弃，而且更加勤奋，自然生意也做得越来越大、越来越好。

在很多人眼里，她是幸运的，但我从她的讲述中了解到她的幸运源自勤奋和坚持。

很多人只看到别人幸运，却从未看到别人的辛苦和努力。很多人谈起幸运和幸福，眼里只看到别人手里的鲜花和掌声，没有看到别人千万次的努力和坚持。

"台上十分钟，台下十年功。"这句话非常形象地说明了幸运的来源。

坚持，就是不断看到希望，持续激励自我前进。曾经有人对爱迪生说，太可惜了，失败了1000多次。谁知道爱迪生听到后却说，不是失败了1000多次，而是发现有1000多种材料不适合做灯丝。这就是坚持的态度，在坚持中看到希望。